福清历代散文选

魏名庆　编注

海洋出版社

2017年·北京

图书在版编目(CIP)数据

福清历代散文选 / 魏名庆编注. — 北京：海洋出
版社, 2017.5

ISBN 978-7-5027-9787-4

Ⅰ.①福… Ⅱ.①魏… Ⅲ.①古典散文－散文集－中
国 Ⅳ.①H194.1

中国版本图书馆CIP数据核字(2017)第120996号

FUQING LIDAI SANWENXUAN

责任编辑：王　溪
责任印制：赵麟苏

海洋出版社 出版发行
http://www.oceanpress.com.cn
北京市海淀区大慧寺路8号　　邮编：100081
北京朝阳印刷厂有限责任公司印刷　　新华书店经销
2017年6月第1版　2017年6月第1次印刷
开本：787mm×1092mm　1 / 16　印张：16
字数：200千字　定价：48.00元

发行部：010-62132549　邮购部：010-68038093　总编室：010-62114335
海洋版图书印、装错误可随时退换

序

　　从人类历史学的角度来说，福清早在4000多年前甚至6000多年前就有人类繁衍生息。这从1958年3月28日至6月15日福建省文管会考古队和厦门大学考古队对东张新石器时代遗址进行抢救性发掘后出土的不少石器、陶器、原始瓷器等文物可知。另据乾隆版《福清县志》及其他史籍记载，至迟至东汉，福清就至少有两座佛教寺庙，说明当时福清人口已较为繁庶，文化也较为发达。而自唐圣历（武周）二年（699年）福清置县后，文化教育事业迅速发展，科甲蝉联。从唐文宗太和四年（830年）林简言考中进士，到清光绪二十九年（1903年）的1073年间，光应试中举人的就有1446人，中进士的有768人。另外，获得贡生、监生等其他功名的学子也不少。中式的学人中，大多在朝廷任职，他们留下大量著述。还有一些处士和在佛门的饱学僧人，也留下大量诗文。据不完全统计，这些先贤留下著述726部，16983卷。内容涉及政论、奏疏、书信、序言、学术著作、文学作品（包括诗赋、纪游散文、古典小说等）。另外还有大量谱牒、墓志铭等资料性记叙文。

　　就散文来说，不仅数量大，而且质量高。举例来说，唐代林简言的《上韩吏部书》等4篇文章被收入《全唐文》卷790，王棨的45篇赋被收入《全唐文》卷769，《全宋文》收入宋代林希逸的文章18卷，《四库全书》收入宋代王苹、林亦之、陈藻、林希逸等人的大量散文，续修《四库全书》收入明代内阁首辅叶向高的《纶扉奏草》30卷，《续纶扉奏草》14卷。还收入明代林章的《林初文诗文全集》。唐代进士王棨（字辅文，一字辅之）是中国古代律赋创作揆转的关键人物，其作品集也就是《麟角集》皆为律赋，开有唐一

1

代律赋结集的先河。《四库全书》正总裁永瑢编撰的《四库全书总目提要》称《麟角集》"以程试之文专加裒辑行世者有之,自荣此集始"。清代著名学者、诗人、戏剧家、藏书家李调元对王棨颇为推崇,他在《历代赋话》中说:"王辅文、黄文江一时之瑜、亮也。文江戛戛独造,不肯一字尤人。辅文则锦心绣口,下韵嫣然,更有渐近自然之妙"。北宋熙宁年间在政坛弄出很大动静、引起朝野注目的小监门官郑侠的《西塘集》被收入《四库全书》。宋代移居江苏平江的王苹,著有《野客丛书》30卷。这部书内容博洽,经史子集,无不涉及,以考辨典籍、杂记宋朝及历代轶事为主。《四库全书》称其"位置于《梦溪笔谈》《缃素杂记》《容斋随笔》之间无愧也"。南宋福清海口人林亦之,曾从学于莆田红泉书院,师从南宋著名学者林光朝多年,遂成高弟。他的《网山集》8卷收入《四库全书》。南宋著名学者刘克庄曾为其文集作序,对其论著极为推崇。刘在《〈网山集〉序》中云:"尝谓艾轩高处逼《檀弓》《穀梁》,平处犹与韩并驱。至于网山论著,句句字字,足以明周公之志,得少林之髓。"

吾邑先贤的著述,大部分已散佚,留下的仅仅是其中的一小部分。但就是这一小部分,读者也很难在短时间全部读完。因此,选编一部关于福清历代散文的集子,使读者用最少的时间了解吾邑历代先贤著述的概况,对传承福清历史文化不无意义。但这件事从来没人去做。笔者前些年就想着手做这件事,因种种原因,无法实现。自去年以来,有了一些闲暇,就壮着胆子把这项工作搞定。由于本人学力浅薄且时间仓促,讹误疏虞和不足之处在所难免,敬祈方家不吝赐教,是所至盼。

另外需要说明的是,本书对先贤著述的遴选,上自唐大中年间,下讫清末。除了福清籍作者的著述外,还适当收入一些外邑(包括外省)僧俗的与福清有关的大作。为了方便阅读,对作者作了简介，一位作者选入数篇文章，则作者简介只在第一篇出现，另对部分篇章中的一些字词作了注释。个别篇章来自网络，原编者的校勘保留原样。文中的缺字，一律以"□"代之，并保留了部分古字。在体裁方面，力求多样化，游记类的散文较少，搜罗到手的都收入本书。在内容方面，兼顾思想意义、文学价值、学术价值、资料价值和趣味性、可读性、知识性。

还有，由于时代的局限，吾邑先贤的著述中难免掺杂封建思想的糟粕，比如宣扬天命，推崇腐朽落后的节烈观。再如，鼓吹因果报应和宿命论等宗教迷信思想。这些都是读者在阅读时必须注意的。

本书的编辑出版，得到老同学、厦门大学海洋与地球学院教授、博士生导师、中国海洋生物领域的专家杨圣云先生和老同学、原中共福清市委宣传部常务副部长施祖松先生的热情鼓励和大力支持，谨在此表示诚挚的谢忱。

魏名庆

2016年3月于福清

目 录

唐 代

上韩吏部书 ………………………………………………林简言（2）

汉武封禅论 ………………………………………………林简言（4）

《传心法要》序 …………………………………………裴　休（6）

回雁峰赋 ……………………………………………………王　榮（7）

芙蓉峰赋 ……………………………………………………王　榮（9）

三箭定天山赋 ……………………………………………王　榮（10）

秋夜七里滩闻渔歌赋 ……………………………………王　榮（11）

贫　赋 ………………………………………………………王　榮（12）

离人怨长夜赋 ……………………………………………王　榮（13）

瑠璃窗赋 …………………………………………………王　榮（14）

曲江池赋 …………………………………………………王　榮（16）

圣人不贵难得之货赋 ……………………………………王　榮（18）

手署三剑赐名臣赋 ………………………………………王　榮（19）

端午日献尚书为寿赋 ……………………………………王　榮（20）

江南春赋 …………………………………………………王　榮（21）

神女不过灌坛赋 …………………………………………王　榮（23）

樵夫笑士不谈王道赋 ……………………………………王　榮（24）

倒载干戈赋 ………………………………………………王　榮（26）

松柏有心赋 ………………………………………………王　榮（28）

五　代

王审知墓志铭……………………………翁承赞（30）

北　宋

乞牵复英州别驾郑侠状………………………苏　辙（38）

论新法进《流民图》疏……………………郑　侠（39）

谢苏子瞻端明启……………………………郑　侠（43）

望阙台记………………………………………郑　侠（45）

惠州太守陈文惠公祠堂记…………………郑　侠（48）

南　宋

福清图经总叙………………………………林　栗（52）

《西塘集》序…………………………………黄祖舜（54）

送李子勉序…………………………………王　苹（56）

答吕舍人书…………………………………王　苹（57）

游罗汉院记…………………………………林亦之（58）

复庵记…………………………………………陈　藻（60）

龙溪协济庙记………………………………黄　定（62）

网山月鱼先生文集序………………………林希逸（64）

福清县重建石塘祥符陂记…………………林希逸（66）

福清县修学记………………………………林希逸（68）

宋龙图阁学士赠银青光禄大夫后村刘公行状……………林希逸（70）

网山先生文集序……………………………刘克庄（82）

宣教郎林君墓志铭…………………………刘克庄（84）

林沇州墓志铭……………………刘克庄（86）

曜庵敖先生墓志铭………………刘克庄（88）

班史略于节义……………………王　懋（90）

欧公讥荆公落英事………………王　懋（91）

兰亭不入选………………………王　懋（91）

高帝弃二子………………………王　懋（92）

古者男女相见无嫌………………王　懋（93）

张杜酷恶之报……………………王　懋（93）

董仲舒决狱事……………………王　懋（94）

王章孔融儿女……………………王　懋（95）

三公治狱阴德……………………王　懋（96）

汲黯逊周阳由……………………王　懋（97）

隽不疑刘德………………………王　懋（97）

杨兴妄作…………………………王　懋（98）

龚张对上无隐……………………王　懋（99）

杨恽有外祖风……………………王　懋（100）

以物性喻人………………………王　懋（100）

东坡水调…………………………王　懋（101）

荐疏称字与年……………………王　懋（101）

杨妃窃笛…………………………王　懋（102）

张祐经涉十一朝…………………王　懋（103）

东坡卜算子………………………王　懋（104）

饥食榆皮…………………………王　懋（105）

杨白花……………………………王　懋（105）

鸾凤万举…………………………王　懋（106）

刘穆之……………………………王　懋（106）

夏商铸钱…………………………王　懋（107）

目　录

敖器之诗话……………………………………敖陶孙（107）

元　代

天章亭记……………………………………陈　燧（110）

明　代

《鸣盛集》序………………………………刘　嵩（114）

奏蠲虚税疏…………………………………林　扬（116）

《福清县志》序……………………………林　富（119）

瑞岩寺新洞碑记……………………………戚继光（121）

《吴山图》记………………………………归有光（124）

盖州重修城东西楼记………………………薛廷宠（127）

福清岱丘厦厅林氏重修族谱序……………林　章（129）

滦阳城宴别序………………………………林　章（133）

福清县拓城记………………………………叶向高（135）

重修福清县儒学记…………………………叶向高（138）

阳歧江改复旧路记…………………………叶向高（140）

《福清县志》序……………………………叶向高（142）

重兴黄檗募缘序……………………………叶向高（144）

东游漫记……………………………………叶向高（146）

福清县城记…………………………………陈仕贤（149）

重建福清邑堂记……………………………王一言（151）

福清宋元儒学志……………………………郭万程（153）

游瑞岩山记…………………………………欧应昌（157）

修瑞岩山志引………………………………欧应昌（161）

《徐霞客游记》节选 ……………………………… 徐霞客（163）

游黄檗山记 ……………………………………… 吴钟峦（166）

黄檗种松记 ……………………………………… 张成梁（167）

黄檗寺龙泉记异 ………………………………… 张成梁（168）

上径山本师和尚 ………………………………… 隐　元（169）

复独耀侍者 ……………………………………… 隐　元（171）

复阁部鲁庵刘居士 ……………………………… 隐　元（174）

复霞丞叶居士 …………………………………… 隐　元（176）

复魏尔潜信士 …………………………………… 隐　元（178）

黄檗志序 ………………………………………… 费道用（179）

福清县志续略叙 ………………………………… 即非如一（181）

故乡风物记 ……………………………………… 涂之尧（184）

《密云禅师语录》序 …………………………… 黄端伯（191）

《隐元禅师又录》序 …………………………… 刘沂春（193）

隐元禅师《云涛集》序 ………………………… 唐显悦（195）

请隐元禅师住黄檗寺 …………………………… 林汝翥（197）

劾魏忠贤疏 ……………………………………… 林汝翥（199）

清　代

《海口特志》小弁 ……………………………… 林以宷（202）

《福清县志》纪事 ……………………………… 郭文祥（205）

游灵石山记 ……………………………………… 郭文祥（207）

重修《福清县志》纪事 ………………………… 林　昂（210）

慧国禅师五秩序 ………………………………… 叶观国（212）

灵石寺志序 ……………………………………… 道　霈（214）

重修《福清县志》序 …………………………… 饶安鼎（216）

黄檗寺缘簿序……………………………………张缙云（218）

续修黄檗山志序…………………………………张缙云（219）

复黄檗寺田记……………………………………张缙云（221）

《黄檗山续志》序………………………………兰圃清馥（223）

晓谕粤省士商军民人等速戒鸦片告示稿………林则徐（225）

颁发查禁营兵吸食鸦片规条稿…………………林则徐（228）

札发编查保甲告示条款转发衿耆查照办理由…林则徐（229）

饬拿贩烟夷犯颠地稿……………………………林则徐（231）

谕缴烟土未覆先行照案封舱稿…………………林则徐（233）

复郑夫人书………………………………………林则徐（234）

给大儿汝舟书……………………………………林则徐（236）

给大儿书…………………………………………林则徐（237）

《福清县志》序…………………………………潘文凤（238）

重刊《福清县志》序……………………………刘玉璋（240）

唐代

上韩吏部①书

林简言

人有儒其业，与孟轲②同代而生，不遂师於轲，不得闻乎道，阁下岂不谓之惜乎！又有与扬雄③同代而生，不遂师於雄，不得闻乎道，阁下岂不谓之惜哉！有习於琴者，问其所习，必曰吾师於某，某所传师旷④之道也。习於弧者，问其所习，必曰吾师於某，某所传濯孺子之道也。脱二人未至於古，然亦无敢是非者，以所习有据故也。傥⑤曰：吾自能，非授受於人也，必知其音俚⑥音也，其能庸能也。呜呼！圣人之道与琴弧之道相远矣，而琴弧尚能自习之如此，况圣人之道乎！去夫子千有馀载，孟轲、扬雄死，今得圣人之旨，能传说圣人之道，阁下耳。今人麻阁⑦下之门，孟轲、扬雄之门也。小子幸儒其业，与阁下同代而生，阁下无限其门，俾⑧小子不得闻其道，为异代惜焉。

〔注释〕

①韩吏部：即唐宋八大家之一的韩愈。

②即孟子（约公元前372年—公元前289年），山东邹城人，是战国时期伟大的思想家、教育家，儒家学派的代表人物。

③扬雄：出生于公元前53年，18年去世。字子云，西汉蜀郡成都人。长于辞赋，是西汉司马相如之后最著名的辞赋家。

④师旷：字子野，山西洪洞人。春秋时著名乐师。

⑤傥：同倘。

⑥俚：意为乡里。

⑦麻阁，树名。

⑧俾：使（达到某种效果）。

[作者简介]

林简言（生卒年月不详），字欲讷，福清人。出身于贫苦家庭，从小勤奋好学，专心致志研读经史典籍，年轻时就盛负文名。唐太和四年（830年）中进士，是福清置县后的第一个进士，后任漳州刺史，当时他见族人深受赋税徭役之苦，便向朝廷上书，要求免去这些苛捐杂税。朝廷将此事交福建都团练观察处置使罗让酌议，罗让问他："过去盈川徐公以相国身份，只向朝廷请求免征一个乡的徭役赋税，而现在你福唐县的林公，以进士身份要求免一族的徭赋，是否适宜？"简言据理力争，罗让无法驳回，只好同意。自此以后，罗让对简言更加器重。简言善于论史喻今，他的代表作《汉武封禅论》，借批评汉武帝好大喜功给百姓造成重大灾难来讽喻唐文宗。林简言的文章效法韩愈，老到深沉。他的诗效法元结、白居易，清秀朴实。林简言四世孙林昌言系林希逸曾祖，福清渔溪镇苏田村人。

汉武封禅论

林简言

　　仲尼以季氏旅於泰山为僭①，汉武封泰山为僭欤？抑闻无其位无其德，为事僭也；有其位无其德，为事亦僭也。又闻封泰山，报成功也。斯皆德称乎位者为之，若伏羲、神农者也，若轩辕、颛顼②者也，若尧、舜、禹、汤者也。汉武封禅奚慕哉！秦乎，伏羲乎，尧、舜乎。秦封禅二代而秦灭，固不可慕也。若以伏羲、尧、舜为心，亦宜访伏羲、尧、舜之道，与所以行之道。侔③之乎，不侔之乎？彼茅茨不翦，而木不呈材，岂曰侔哉？彼舞於两阶，而黩武穷边，岂曰侔哉？彼用夔典乐，而李延年进，岂曰侔哉？彼设谤木，而捕人诽者死，岂曰侔哉？凡所举虽厮养之人，亦知不侔矣。在汉武计，宜罢支口侔，行其侔者。己行之，则卿大夫行之；卿大夫行之，则国人行之。夫如是，虽不封禅，而伏羲尧舜之德之美自至矣。奈何不遵此道，取司马相如谀佞④遗草，内欺於方士，外欺於千古，矫名窃德，冒烟□，蹑凌兢⑤，封泰山，禅梁父，好商辛夏癸之好，迹伏羲尧舜之迹。季氏之僭，安可逃乎？昔齐桓公议封禅，管夷吾用他辞以罢之，以其无帝王位故也。无德与无位相去几何？倪汉朝有人如管夷吾，应用三脊茅以籍，固不使其君与季氏等。

〔注释〕

① 僭：超越本分。

② 颛顼：传说中的上古帝王名。

③ 侔：相等。

④ 谀佞：阿谀奉承谄媚。

⑤ 凌兢：形容寒凉。

《传心法要》序

裴 休

有大禅师，法讳希运，住洪州①高安县黄檗山鹫峰下。乃曹溪六祖之嫡孙，西堂百丈之法侄。独佩最上乘离文字之印，唯传一心，更无别法。心体亦空，万缘俱寂。如大日轮升虚空中，光明照耀，净无纤埃。证之者无新旧、无浅深，说之者不立义解、不立宗主、不开户牖②，直下便是，运念即乖，然后为本佛。故其言简，其理直，其道峻，其行孤。四方学徒望山而趋，观相而悟，往来海众常千余人。予会昌二年廉于钟陵，自山迎至州，憩龙兴寺，旦夕问道。大中二年廉于宛陵，复去礼迎至所部，安居开元寺。旦夕受法，退而纪之，十得一二，佩为心印，不敢发扬；今恐入神，精义不闻于未来；遂出之，授门下僧太舟法建，归旧山之广唐寺；问长老法众，与往日常所亲闻，同异何如也？

时唐大中十一年十月初八日序。

〔注释〕

①洪州：江西南昌的旧称。

②户牖：户指门，牖指窗。

〔作者简介〕

裴休（791—864年），唐朝一代名相。字公美，汉族，河内济源（今河南济源）人，祖籍河东闻喜（今山西运城闻喜）。官至吏部尚书，赠太尉，与福清籍高僧希运相知。善文章，工书，以欧、柳为宗。寺刹多请其题额，河南鲁山亦多题铭。为晚唐著名书家，然存世书迹仅一件。

回雁峰赋

王 棨

衡岳云开，见一峰兮，秀出崔嵬。彼群雁以遥骞①，抵重峦而尽回。岂非，渐木有程，宜从兹而北向；随阳既远，不过此以南来。观夫，苍翠遐标，嶔崟②孤峙。轻岚侵碧落之色，斜影染晴江之水。彼则俟时而动渺，塞外以爰来；此惟无得而踰望，嵒③前而载止。拂此穹崇，归心忽同。遇瀑布而如惊飞缴，映垂藤而若避虚弓。绝顶千仞，悬崖半空。遥观：增逝之姿，似随风退；潜冥之意，不为途穷。盖以，应候无差，来宾有则。敛飘飘之云翰，阻嵩嵩④之黛色。亦犹鸲鹆⑤踰清济以无因，何异鹧鸪渡澄江而不得。于时，洞庭木落，云梦霜晴。肃肃方临于鸟道，嗈嗈⑥俄背于猿声。稍类乎：王子乘舟，已尽山阴之兴；曾参命驾，因闻胜母之名。若夫，壁立天南，屏开空际。信紫阁以难匹，何香炉之可媲，徒见其，如恨山嵹，如悲迢递。遽旋遵渚之心，倏别糸云之势。殊不知，识其分而不越，守其心而有常。若戢藻以咀菱，可居彭蠡⑦；若浮深而越广，自有潇湘。志在养毛羽，违雪霜。何集九疑而栖息，历五岭以翱翔？大鹏闻而笑之曰：予，北海而来，南溟是徙。高飞而万里倏忽，下视而千峰逦迤。嗟乎，衔芦违溟之群，年年至此。

〔注释〕

①骞："鸟"向上飞。

②嶔崟：形容山高。

③嵒："岩"的异体字。

④嵩嵩：巍峨高峻的样子。

⑤鸲鹆：会模仿人类说话的某些声音的鸟，俗称八哥。

⑥嘤嘤：象声词，形容鸟叫声。

⑦彭蠡：即彭蠡湖，一说为鄱阳湖的古称。

〔作者简介〕

王棨（约873年前后在世），字辅之（一作辅文），福清人。生卒年均不详，琅琊王氏王导乌衣房后裔，约唐懿宗咸通末前后在世。咸通三年（862年）登进士第。官至水部郎中。黄巢乱后，不知所终。著有《麟角集》一卷，凡律赋45篇。

唐代重进士科，试以诗赋。有司按其声病，以为去取。议者皆患其浮薄少实，而迄不能变。虽以当世大贤，如裴度、韩愈之徒皆工为之，然未有以程试之文，专加裒辑行世者。有之，自棨此集始。

又，棨八代孙宋著作佐郎苹，于馆阁得棨《省题诗》，录附于集，凡二十一篇。题曰"麟角"者，盖取颜氏家训学如牛毛，成如麟角之义，以及第比登仙也。

8

芙蓉峰赋

王　棨

　　叠翠重重，数千仞兮。峭若芙蓉，非华岳之高掌，是衡山之一峰。朝日耀而争鲜，岚光欲拆；秋风击而不落，秀色长浓。懿乎嶷若削成，端然杰起。虽千寻之直上，犹一朵之孤峙。耸碧空而出水无别，倚斜汉而凌波酷似。吐荣发秀，非因沼沚①之中；固蒂深根，已在乾坤之里。徒观夫壁立茎直，霞临彩鲜。上下逦迤而九疑失翠，旁侧参差而五岭迷烟。秋夜弥高，宛在金波之侧；晴光半露，遥当玉叶之前。似吐江南，如开空际。高低斗紫盖之色，向背异香炉之势。剑虽合质，匪三尺之微茫；石纵同规，殊一拳之琐细。况乎高列五岳，光留四时。名芳熊耳，影秀峨眉。然而只可登也，诚难采之。几处楼中，送目有池塘之景；谁家林表，凝情忘草对之姿。帐号既同，冠形无异。对夏云而竞峭，映花岩而增媚。遂使娥皇②晓望，潜怜覆水之规；虞帝南巡，暗起涉江之思。由是楚泽阴远，湘流影孤。挺烟萝之葱翠，写菡萏③之形模。本不崩而不骞④，谁人欲拔；若无冬而无夏，何代能枯。余尝迴野遥眄⑤，晴天远望。见《国风》隰有之体，嘉《离骚》木末之状。乃曰：亦可以献君王之寿，助山河之状。夸娥⑥二子胡不移来，与蓬峰而相向。

〔注释〕

　　①沼沚：水中小块陆地。
　　②娥皇：传说中我国古代舜帝的两个妃子中的一个。
　　③菡萏：即荷花。
　　④骞：亏损。
　　⑤眄：斜视。
　　⑥夸娥：我国神话中的大力神。

三箭定天山赋

王　棨

　　丑虏侵塞，将军耀威。弓一弯而天山未定，箭三发而铁勒知归。骁骑来时，迭利镞以连中，宫人祭处，收黄尘而不飞。始夫，寇犯朔方，檄传边壤。高宗乃将钺斯授，仁贵而君恩是仗。初持汉节，鹰扬貔虎①之威；爰臂燕弧，肉视豺狼之党。军压亭障，营临塞垣。九姓犹凭其桀骜，六钧亦未于戎蕃。既而，胡兵鸟集，贼骑云屯。将军于是，勇气潜发，雄心自论。拈白羽以初抽，手中雪耀；攀雕鞍而乍逐，碛里星奔。由是，控彼乌号，伸兹猿臂。军前而弦斗边月，际空而髇鸣朔吹。声穿劲甲，俄惊胆于千夫，血染平沙，已僵尸于一骑。斯一箭之中也！尚猖狂而背义，是用再调弓矢，重出麾幢。耀英武于非类，昭雄棱②于异邦。赤羽远开，骋神机而未已；胡雏又毙，惊绝艺以无双。斯二箭之中也！犹凭凌而未降，且曰：志以安边，誓以去害。苟犬羊之众斯舍，则卫霍之功不大。又流镝以虻飞，复应弦而狼狈。斯三箭之中也！遂定七戎之外。昔在秦汉，尝开土疆，或劳师于征讨，徒耀武以张皇。未若，弯弧手妙于主皮，大降虏众；骋伎心同于掩目，遂静沙场。故得，玄化覃幽，皇风被远。乌岭之烽已息，灵台之伯斯偃③。然知，鲁连虽下于聊城，岂定穷荒之绝巘④。

〔注释〕

　　①貔虎：貔，古代传说中的一种猛兽。貔虎，这里比喻勇猛的军队。
　　②雄棱：犹威武、威势。
　　③偃：倒伏。
　　④巘：大山上的小山。

秋夜七里滩闻渔歌赋

王 棨

　　七里滩急，三秋夜清。泊桂棹于南岸，闻渔歌之数声。临风断续，隔水分明。初击楫以兴词，人人骇耳；既舣舟而度曲，处处含情。众籁微收，浓烟乍歇。屏开两面之镜，璧碎中流之月。逃名浪迹，始荡桨以徐来；咀征含商，俄扣舷而迥发。一水喧豗①，旁连钓台。群鸟皆息，孤猿罢哀。激浪不停，高唱而时时过去；凉飚暗起，清音而一一吹来。潺潺兮跳波激射，历历兮新声不隔。初闻而弥觉神清，再听而惟忧鬓白。远而察也，调且异于吴歌；近以观之，人又非其郢②客。杳袅悠扬，深山夜长。殊采菱于镜水，同鼓枻③于沧浪。泛滥扁舟，逸兴无惭于范蠡④；沉浮芳饵，高情不减于严光⑤。况其，岸簇千艘，岩森万树。湍奔似雪之浪，衣裹如珠之露。寂凝思以侧聆，悄无言以相顾。此时游子，只添歧路之愁；何处逸人，顿起江湖之趣。由是，寥亮清浔，良宵渐深。引乡泪于天末，动离魂于水阴。究彼哢喉，似感无为之化；察其鼓腹，因知乐业之心。既而，暗卷纤纶⑥，潜收密网。滩头而犹唱残曲，水际而尚闻余响。渔人歌罢兮天已明，挂轻帆而俱往。

〔注释〕

　　①豗：轰响。

　　②郢：春秋战国时期楚国的都城。

　　③枻：桨。

　　④范蠡：春秋末著名的政治家、军事家和实业家，后人尊称"商圣"。

　　⑤严光：东汉著名隐士，曾积极帮助刘秀起兵。刘秀即位，多次延聘他，但他隐姓埋名，隐居富春山。

　　⑥纤纶：纶，青丝带子。

贫赋

王 棨

有弘节先生，栖迟上京。每入樵苏之给，长甘藜藿[①]之羹。或载渴以载饥，未忘挫念；虽无衣而无褐，终自怡情。其居也，满榻凝尘，侵阶碧草。衡门度日以常掩，环堵终年而不扫。荒凉三径，重开蒋诩之踪；寂寞一瓢，深味颜回之道。则有，温足公子，繁华少年。共造绳枢之所，相延瓮牖之前。但见其，缊袍[②]露肘，曲突[③]沉烟。僮不粒而愁坐，马无刍而困眠。俱曰：先生，迹似萍泛，家如罄悬，且何道而自若，复何心而宴然。先生曰：子不闻，蜀郡长卿，汉朝东郭，器虽涤以无愧，履任穿而自乐。斯盖以，顺理居常，冥心处约。当年而虽则羁旅，终岁而曾无陨获。又不见，前有曾子，后有袁安。或蒸藜而取饱，或卧雪以忘寒。斯亦，性善居易，情无怨难。不汲汲以苟进，岂孜孜而妄干。尽能一荣枯，齐得失。顾终窭[④]以非病。纵屡空而何恤。是以，原宪匡坐而不忧，启期行歌而自逸。况乎，否穷则泰，屈久则伸。负薪者荣于汉，鬻畚者相于秦。更闻杨素之言，未能图富；苟有陈平之美，安得长贫。矍然[⑤]二子，相顾而起。乃曰：幸承达者之论，深见贤哉之旨。而今而后，方知，君子固穷，小人穷斯滥矣。

〔注释〕

①藜藿：藜和藿，指粗劣的饭菜。

②缊袍：以乱麻、乱棉絮制成的袍子，指古代贫者之衣。

③曲突：曲是弯曲，突是烟囱。

④窭：贫穷。

⑤矍然：惊惧貌，惊视貌。

离人怨长夜赋

王　棨

　　离思难任，良宵且深。坐感夫君之别，谁怜此夜之心。念云雨以初分，何时促膝；俯衾裯①而起怨，几度沾襟。始其，歌罢东门，袂挥南浦。征车去兮尘渐远，疋马归兮情自苦。闲庭已暝，对一点之凝缸；别酒初醒，闻满檐之寒雨。且夕也，悄悄何长，悠悠未央。向银屏而寡趣，抚角枕以增伤。盖以，缅行役兮路千里，邈音尘兮天一方。我展转以空床，固难成梦；君盘桓于旅馆，岂易为肠。由是，触目生悲，回身吊影。云积阴而月暗，鸟深栖而树静。凝情渐久，讶古寺之钟迟；会面犹赊，奈严城之漏永。于是，阶滴飘冷，窗风送寒。徒抱分襟之恨，全忘秉烛之欢。远林而未有鸟啼，偏嫌耿耿；幽壁而徒闻蛩响，顿觉漫漫。嗟夫，昔每同袍，今成两地。既睹物以遐想，复支颐②而不寐。邻机尚织，重增苏氏之怀；词客犹吟，更动江生之思。况乎，燕宋程远，关山道遥。怨复怨兮此别，长莫长乎此宵。使人玄发潜变，红颜暗雕③。杳向晨而若岁，嗟达旦以无聊。且夫，名利犹存，津梁未绝。苟四方之志斯在，则五夜之情徒切。然哉，吾生既异于匏瓜，又安得不伤乎离别。

〔注释〕

　　①衾裯：衾，被子。裯，被单或帐子。

　　②支颐：用手托住腮。支是支撑，颐指颊、腮。

　　③雕：即"彫"，意为衰败。

瑠璃窗赋

王　棨

彼窗牖之丽者，有瑠璃之制焉。洞彻而光凝秋水，虚明而色混晴烟。皓月斜临，陆机①之毛发寒矣；鲜飚如透，满奋之神容凛然。始夫，创奇宝之新规，易疎寮之旧作。龙鳞不足专其莹，蝉翼安能拟其薄。若乃，孕美澄凝，沦精灼烁。栋宇廓以冰耀，房栊②烱其电落。深窥公子中眠云母之屏，洞见佳人外卷水精之箔。表里玲珑，霜残露融，列远岫以秋绿，入轻霞而晚红。满榻琴书，杳若冰壶之内；盈庭花木，依然琼镜之中。故得，绣户增光，绮堂生白。睹悬虱③之旧所，疑素蟾之新魄。碧鸡毛羽微微而雾縠旁笼，玉女容华隐隐而银河中隔。几误梁燕，遥分隙驹。比曲栈而顿别，想圭窦④以终殊。迫以视之，虽皎洁兮斯在；远而望也，则依微而若无。由是，蝇泊如悬，虫飞无碍。光寒而珠烛相逼，影动而琼英俯对。不羡石崇⑤之馆，树列珊瑚；岂惭韩嫣⑥之家，床施玳瑁。如是，价重锁闼，名珍绮疏。彻纱帷而晃朗连角簟而清虚。倘征其形，王母之宫可匹；（若）语其巧，大秦之璧焉如。然而，国以奢亡，位由侈失。帝辛为象箸于前代，令尹惜玉缨于往日。其人可数，其类非一。何用崇瑰宝兮极精奇，置斯窗于宫室。

〔注释〕

①陆机：吴郡吴县（今江苏苏州）人，西晋著名文学家、书法家。

②房栊：窗棂，泛指房屋。

③悬虱：古人纪昌用牛尾巴毛拴住一只虱子吊在窗口，天天练习射箭。"悬虱学射"成为学艺专精之典故。

④圭窦：窦是洞，形容如圭似的洞。

⑤石崇：西晋时渤海南皮（今河北南皮东北）人，是官员、大富豪。

⑥韩嫣：西汉大将韩信的曾孙，才貌兼备。为汉武帝效力，大破匈奴，贡献卓绝。

曲江池赋

王　棨

　　帝里佳境，咸京旧池。远取曲江之号，近侔灵沼之规①。东城之瑞，日初升深涵气象；南苑之光，风才起先动沦漪。其地则，复道东驰，高亭北立。旁吞杏圃以香满，前噙云楼而影入。嘉树环绕，珍禽雾集。阳和稍近，年年而春色先来；追赏偏多，处处之物华难及。只如二月初晨，沿堤草新。莺啭而残风袅雾，鱼跃而圆波荡春。是何玉勒金策，雕轩绣轮。合合沓沓，殷殷辚辚。翠亘千家之幄，香凝数里之尘。公子王孙不羡兰亭之会②，蛾眉蝉鬓遥疑洛浦之人③。是日也，天子降銮舆，停彩仗。呈丸剑之杂伎，间咸韶之妙唱。帝泽旁流，皇风曲畅。固知轩后，徒游赤水之湄④；何必穆王，远宴瑶台⑤之上。复若，九月新晴，西风满城。于时，嫩菊金色，深泉镜清。浮北阙以光定，写南山而翠横。有日影云影，有凫声雁声。怀碧海以欲垂钓，望金门而思濯缨⑥。或策蹇以长愁，临川自叹；或扬鞭而半醉，绕岸闲行。是日也，罇俎罗星，簪裾比栉。云重阳之赐宴，顾多士以咸秩。上延良辅，如临凤沼之时；旁列群公，异在龙山之日。若夫，冬则祁寒裂地，夏则晨景烧空。恨良时之共隔，惜幽致以谁同。孰见其，冰连岸白，莲照沙红。蒹葭兮叶叶凝雪，杨柳兮枝枝带风。岂无昆明而在乎畿内，岂无太液而在乎宫中。一则但畜龟龙之瑞，一则犹传战伐之功。曷若，轮蹄辐辏⑦，贵贱雷同。有以见西都之盛，又以见上国之雄。愿千年兮万岁，长若此以无穷。

〔注释〕

①灵沼之规：出自《诗经·大雅》"王在灵沼，于牣鱼跃"。

②兰亭之会：指永和九年，王羲之举办兰亭会。

③洛浦之人：云洛神游于江浦之上。

④固知轩后，徒游赤水之湄：出自《庄子·天地》。

⑤何必穆王，远宴瑶台之上：言西王母与周穆王之故事，出自《穆天子传》。

⑥欲垂钓、思濯缨：出于屈原《楚辞·渔父》。

⑦辐辏：形容人或物聚集，像车辐集中于车毂一样。

圣人不贵难得之货赋

王 棨

披老氏之遗文，见圣人之垂则。戒君上之所好，虑天下之为惑。且，物有藏之无用，求之难得。若将贵也，则廉贞之风不生；吾苟贱焉，庶嗜欲之原可塞。斯乃，复道德之本，为政化之端。虽闻乎无胫以至，曾忘其拭目而观。于以息攘夺激，贪残皆重黄金。我则，捐山而孔易，咸嘉白璧；我则，抵谷以奚难，莫问瑕瑜。讵论妍否，节俭之德既着，饕餮①之名何有。裘因禁后，应无为狗之劳；珠自锻来，已绝伺龙之丑。只如，照车于魏徒，称径寸之贵，易地于秦虚，重连城之珍。一则受欺于强国，一则见屈于圣人。岂若，端耳目，寂形神。视彼琼瑰②之类，齐乎瓴甋③之伦。义动，贪夫皆少私而寡欲；化移，流俗尽背伪而归真。可使，路不拾遗，人忘好货。顾予有摘玉之志，俾尔无攫金之过。则，以此行道，而大道复隆；以此移风，而玄风再播。且夫，君教矣，人效之。若不去其奢而返其本，必将肤尔箧而控尔颐。亦何必，树美珊瑚，竞列华筵之翫④；布求火浣，长充内府之资。方今，阐灵符握，金镜若能。来淮夷之琛，不以为贵；入王母之环，不以为盛。上崇朴素之道，下率廉隅之性。岂惟咸五而登三，可与大庭而齐圣。

〔注释〕

①饕餮：中国古代传说中的凶恶贪吃的野兽，比喻凶恶贪婪之人。

②琼瑰：琼是美玉，瑰是一种像玉的石头。

③瓴甋：砖。

④翫："玩"的异体字。

手署三剑赐名臣赋

王 棨

汉章帝以锡赉^①情重，君臣道全。示署剑推恩之礼，表经邦佐命之贤。虽彼百官分恩光之涣汗，唯兹三者观御墨以昭宣。是知器挺臣，功名由天锡。非霜刃，无以表汝之庸勋；非干文，无以重予之庆赏。所以，昭冲和，劝忠说。鲛函尽启，决云之状盈眸；彩笔初题，垂露之文在掌。岂不以，良佐斯得，深谋可嘉。或染翰而纪其敦朴，或挥毫而志以文华。彼锡彤弓，我乃颁其秋水；彼铭钟鼎，我乃镂以莲花。一则，薛烛未逢，风胡不识。提携可助于雄勇，佩服必资其挺特。能使臣阙惭价，豪曹失色。乃署龙泉之名，以表韩棱之德。一则，龙藻日耀，霜风雪凝。麾之而氛祲以歇，带之则威仪可聆。斯亦，刜^②钟难媲，斩马奚^③称。乃署汉文之号，以旌郅寿之能。一则，利可卫身，威能禁暴。悁项伯以将舞，宜赵王之所好。岂羡乎，五色奇形，千金美号。乃署椎成之字，以彰陈宠之操。故得，光生环佩，荣冠簪裾。见鱼水相逢之际，是云龙契会之初。数比梦刀，各获君前之赐；功齐神笔，长吞天上之书。洎^④吾皇威被华夷，德安岐雍。锋铓不自其手署，颁赐尽归其公共。盖以韩魏为铗兮宋为镡，异汉朝之所用。

[注释]

①锡赉：赏赐。

②刜：击。

③奚：疑问词"何"。

④洎：到，及。

端午日献尚书为寿赋

王　棨

　　节乃端午，经惟尚书。当炀帝穷奢之际，见苏公为寿之初。五日嘉辰，欲有裨于圣德；百篇奥义，敢将献于皇居。始夫，蕤宾既调，星火初正。虽为祭屈之日，合有祝尧之敬。咸求玩好，口竭尽于忠勤；竞荐珍奇，愿延长于睿圣。唯公以，邦纪将紊，皇图渐倾，欲讽江都之幸，亦由辽水之征。由是，访注于安国，求篇于伏生。既逢采艾之时，合祈洪算；遂托献芹之礼，庶达微诚。盖以，文尽雅言，事传上古。前王之喜怒足征，历代之安危可睹。然，以礼无爽，于君有补。岂劾辟兵之法，专用灵符；宁依续命之仪，只陈彩缕。既而，面对彤墀，虔而进之。其为贽①也，非雁非羔非玉非帛；其为书也，非易非传非礼非诗。且曰：臣有志匡②主，无心狥③时。窃以百王之典，可为万岁之资。愿陛下，察其旨，究所以。岂不以，枕推虎魄之珍，裘有雉头之美。诚未若，典谟训诰④，阅斯而北阙常存；虞夏商周，鉴此而南山相似。所以，鼓箧斯至，称觞自殊。藉手而则惟臣矣，服膺而其在君乎。愿因犬马之诚，取为龟镜；能使丝纶之笔，用作规模。且，浴兰献物兮古岂无，捧酒祝厘兮今亦有。谁能，将十三卷之雅诰，祝千万年之洪寿。向使其乙夜能观，岂死乎贼臣之手。

〔注释〕

　　①贽：古时初次拜见长辈时送的礼物。

　　②匡：这里指帮助。

　　③狥："徇"的异体字，指依从，曲从。

　　④典谟训诰：尚书中《尧典》《大禹谟》《汤诰》和《伊训》等篇的并称，这里泛指经典之文。

江南春赋

王 棨

丽日迟迟，江南春兮春已归。分中元①之节候，为下国②之芳菲。烟幂历③以堪悲六朝故地，景葱茏而正媚二月晴晖。谁谓：建业气偏，勾吴④地僻？年来而和煦先遍，寒少而萌芽易坼⑤。诚知：青律⑥吹南北以无殊，争奈⑦：洪流亘东西而是隔。当使，兰泽先暖，苹洲早晴。薄雾轻笼于钟阜，和风微扇于台城。有地皆秀。无枝不荣。远客堪迷——朱雀⑧之航头柳色，离人莫听——乌衣之巷里莺声。于时，衡岳雁过，吴宫燕至。高低兮梅岭残白，逦迤兮枫林列翠。几多嫩绿，犹开玉树之庭；无限飘红，竟落金莲之地。别有，鸥屿残照，渔家晚烟。潮浪渡口，芦笋沙边。野葳蕤而绣合，山明媚以屏连。蝶影争飞，昔日吴娃⑨之径；杨花乱扑，当年桃叶⑩之船。物盛一隅，芳连千里。斗暄妍于两岸，恨风霜于积水。幕幕而云低茂苑，谢客吟多；萋萋而草夹秦淮，王孙思起。或有，惜嘉节，纵良游。兰桡⑪锦缆以盈水，舞袖歌声而满楼。谁见其，晓色东皋，处处农人之苦；夕阳南陌，家家蚕妇之愁。悲夫，艳逸无穷，欢娱有极。齐东昏⑫醉之而失位，陈后主⑬迷之而丧国。今日并为天下春，无江南兮江北。

〔注释〕

①中元：时节名。旧时以农历七月十五日为中元节。

②下国：指天下。

③幂历：覆盖弥漫。

④句吴：即吴国。"句"，发语词，无义。

⑤坼：裂开。

⑥青律：代指春风。

⑦争奈：即怎奈。

⑧朱雀桥：在南京秦淮河上。

⑨吴娃：指吴地的美女。

⑩桃叶：渡口名，位于南京秦淮河畔。

⑪兰桡：兰木做的船桨，这里指代船。

⑫齐东昏：指齐东昏侯萧宝卷，在位时荒淫无道，为梁武帝萧衍所杀，后追贬为东昏侯。

⑬陈后主：即陈叔宝，即位后不理政事，日与妃嫔佞臣行乐，后国破家亡。

神女不过灌坛赋

王　棨

有女维神，徘徊恨新。既入文王之梦，方明尚父之仁。君莅灌坛，自其来而有感妾归西海，将欲过以无因。岂非，受命上天，禀灵下土。苟当鉴德之职，诚是福谦之主。然而，出则驾疾，风鞭暴雨。虽娉婷①淑态所行，皆正直之心，而倏②闪阴徒在处，有晦冥之苦。今则，望彼仁境，居惟太公。于国而栋梁斯谕，于民而父母攸同。谧尔封疆，无破块之时雨；恬然草木，绝鸣条之晓风。安得，暗恃威灵，长驱徒御。不惟流麦以斯恐，抑亦偃禾而是虑。旧祠已别，固难返驾于今辰；直道须遵，岂可取途于他处。是使，泪脸红失，愁蛾翠销。驻霞车而色敛，停宝盖以香飘。潜羡羿妻，明月先逾于清夜；却惭巫女，轻云已度于晴朝。谁见其，回惑蕙心，踟蹰兰质。感教化之均适，患奔驱之迅疾。花颜惨澹，非嫌胜母之时；玉趾迟留，岂恶朝歌之日。王乃：愍③彼彷徨，询其感伤。既非失佩于江上，亦非遗簪于路旁。入梦之姿，经三日以方过；非熊之道，历千秋而更张。则知，执德感幽者系乎真，操心□物者由乎正。苟在神而犹惧，岂于人而不敬。若夫，蝗越境而虎渡河，未可与斯而论政。

〔注释〕

①娉婷：形容女子的姿态美。

②倏：很快地。

③愍：同"悯"。

樵夫笑士不谈王道赋

王　棨

多辩名士，能文硕儒。或有不谈于王道，终知取笑于樵夫。幸遭侧席之时，尽皆沉默；遂使执柯之子，因此胡卢①。当其，野绝遗贤，朝称多士。九土咸欢乎富庶，四夷俱混于文轨。尽合赞洪猷，歌至理而（似阙）。悬河健口，未闻衮衮之辞；掷地清才，不述便便之美。有夫则野，其业唯樵。或怡情于涧侧，或放志于山椒。乃曰：凡在吾侪，犹欣渥泽之汪□；岂伊作者，长使歌声之寂寥。所以，向彼息肩，因兹掩口。是山中舍箭之际，正洞里观棋之后。尤堪抚掌，念牧竖以知无；聊用解颜，问樵人之信不。况乎，德迈三代，功超百王。士非君则好爵奚取，君非士则休声不扬。岂言泉之杜竭，抑辩囿②之荒凉。侧耳听时，嫌寂寂于都下；负薪归处，辄怡怡于路傍。盖以，沐浴昌期，优游玄造。俱为卷舌之辈，不及击辕之老。辗然③未已殊主人之答宾，莞尔④难持异下士之闻道。岂谓乎，力伐摧柏，声腾夕岚。足令，墨客增愧，词人有惭。是知，运属无偏，合着奚斯之颂；时当有截，须陈吉甫之谈。方今，君则唐虞⑤，臣惟周召⑥。称扬者皆马周之辩，赞咏者尽雕龙之妙。可以，流播千古，铿洋八徽⑦。若然则，樵采之徒欤，又何由而窃笑。

〔注释〕

①胡卢：笑的样子。

②圃：养动物的园子。

③鞺然：笑的样子。

④莞尔：形容微笑。

⑤唐虞：我国古代传说中的两个贤明的帝王唐尧和虞舜的并称。

⑥周召：周成王时共同辅政的周公旦和召公奭的并称，两人分陕而治，皆有美政。

⑦徼：边界。

倒载干戈赋

王　棨

　　欲廓文德，先韬武功。倒干戈而是载，铸剑戟以欣同。千里还师，回刃于戎车之上；一朝偃伯，垂仁于王道之中。皇上以心宅八纮①，威加四极②。有罪必伐，无征不克。旌旗西向，竞纳款于中原；鼙鼓东临，咸献俘于上国。然后，轸宸虑，恻皇情。万姓苟宜于子视，三边可竢其尘清。由是，罢师旅，休甲兵。干橹势倾，压双轮而委积。戈铤色寝，满十乘以纵横。盖以，战乃危事，兵惟凶器，欲令永脱于祸机，必使先离乎死地。所以，前镈③俄睹，回辕继至。虞舜舞而曾用比此宁同，鲁阳挥以负来于斯则异。既不授其豹韬④，乃长苞于虎皮。谅櫜弓而若此，讵返斾以如斯。征彼礼经，折轴苟闻于山立；考诸易象，盈车徒见其离为。岂虑自焚，诚同载戢⑤。五兵从此以皆弭，七德于焉而复立。遂使顽凶之子，无日可寻；更怜忠烈之臣，徒云能执。故得，杀气潜息，嘉猷孔彰。以此怀柔而何人不至，以此亭育而何俗不康。罢刃销金，道无惭于齐帝；放牛归马，德宁愧于周王。大矣哉，因睹仁天，用藏兵柄。得东征西怨之体，见师出凯旋之盛。小臣伏睹乎櫜鞬⑥，敢不歌扬于明圣。

〔注释〕

①八纮：纮，古通"宏"，宏大。意即八方极远的地方。

②四极：四方极远之地。

③镈：青铜酒具。

④豹畧：指兵法。

⑤载戢：装运、收藏。

⑥櫜鞬：马上盛弓箭的器具。

唐

代

27

松柏有心赋

王　棨

彼木虽众，何心可持。唯松柏其生矣，禀坚贞而有之。所以，固节千岁，凝芳四时。积翠森踈，见冒雪停霜之性；攒空萧瑟，无改柯易叶之期。懿夫，外耸青苍，内标孤直。或盘根于幽涧之畔，或挺姿于高山之侧。同符兰桂，何惭荆棘。叶殊而可谓不同，节厚而尽云难测。相连夹路，在成城而稍侔；未可为薪，比灰死而莫得。媲匪石而枝劲，叶悬旌而影摇。苟无惧于早落，亦何忧于后凋。耸干山巅，且甚长于众植；成行陵上，终不乱于惊飙。矧①乎，万树含秋，千林向晚。方见夫，鹤栖之所弥茂，麝食之余不损。天台溪畔，若有意于垂阴；太华峰前，岂无情于固本。既立端操，宁惊大寒。似盖而秦封翠敛，如愁而殷社烟攒。势迥蒿莱，竞高标于尘外；时当摇落，争秀出于林端。岂无井上之桐，亦有园中之柳。于春色以自得，在岁寒而则否。曾未若，方寸斯抱，层空可凌②。藋虽倾而莫比，蓬非直而何称。至如，严气方劲，翠色犹增。亦何异，君子仗诚，处难危而愈厉；志人高道，当颠沛以弥弘。是知，斯木惟良，因心所贵。固各结其修干，共青苍于四气。然则，喻体于人，欲舍此而何谓。

〔注释〕

①矧：何况。

②凌：升高。

五

代

王审知墓志铭

翁承赞

大唐故扶天匡国翊佐功臣、威武军节度观察处置三司发运等使、开府仪同三司、守太师兼中书令、福州大都督府长史、食邑一万五千户、食实封一千户闽王墓志并序

门吏福建管内盐铁发运副使、太中大夫、守右谏议大夫、柱国、赐紫金鱼袋翁承赞撰

夫二仪析理，英贤所以应乾坤；五岳参天，申甫①所以钟灵异。降乎昭代，复验奇材。闽王讳审知，字信通，姓王氏。其先琅琊人也，缑山远裔，淮水长源。自秦、汉以穷崇，历晋、宋而忠烈。辉华阀阅，奂赫祖宗。曾祖讳友则，汉丞相安国君陵三十四代孙，赠尚书左仆射；曾祖妣段氏，赵国太夫人，追封卫国太夫人。仆射贞元中守定城宰，善政及物，去任之日，遗爱遮道，因家于光州，故世为固始县人。祖讳玉，累赠司空，倜傥奇表，信义宏材；祖妣刘氏，燕国崇懿太夫人，追封昭德太夫人。显考讳恁，累赠太师；皇妣陇西董氏，赠晋国内明太夫人，追封庄惠太夫人。恭懿贤淑，光于闺阃②。太师嗣子三人，皆卓异不群，时号王家三龙。王其季也，娶乐安任氏，累封魏国尚贤夫人。琴瑟谐和，肥家雍睦，不幸先王薨谢。其执箕帚、奉蒸尝，虽古之母仪，无以加也。王禀性殊异，非礼不言。少事孟仲，如晨夕之敬，于乡党恂恂③然。周孔之书，无不该览。韬钤④之术，尤所精至。与昆仲游处，未尝不以文武之道诫勖⑤焉。先太师特钟爱，抚于膝下。有善相者闻三龙之称，诣先太师之门，曰："富贵皆当一体也。季龙当位极人臣，非乡里可拘其贵盛。然而龙摅虎变，真王者之行藏；燕颔虬须，乃

将军之气貌。"

　　乾符末，天下方扰，民人奔竞。三龙以孝思远略，决为端居，晏如也。尝谓昆季曰："曾参不一宿于外，况起兵之世乎？"虽海内骚然，不萌他适。时秦宗权据有淮西，以利啖四境，而固陵不从。宗权势不可遏，席卷固陵，三龙于是奉版舆而南下。属巢寇陷长安，益坚其志，盖忧人之忧。光启三年，抵于临汀，为百姓壶浆塞路，遂帅全师以赴人愿。时孟龙侍中，以闽之军民无帅，请统雄镇。王谓孟龙曰："春秋所以伐罪吊民，今阃府之来，其可违乎！宜徇徇⑥而抚之。"于是鼓行以济其境。孟龙自温陵太守拜节制，仲龙代牧是州。凡部伍劳逸，王皆躬视，士未食不亲匕箸，士未饮不近杯水。耕织无妨，歌谣满路。所以建元昆，亟登旌钺，诏命王副焉。后六年，侍中捐馆舍，天子降玺书，授王金紫光禄大夫、刑部尚书，充威武军节度观察处置等使。当年兼三司发运使。自是显七德，敦五常，政和人和，示其略也。先长幼之序，次征讨之条。宽猛酌中，德刑俱举。孜孜惕惕，夙夜罔怠。戒以视听，杜诸谄谀。坚执纪纲，动无凝滞，抚俗迺不严而理，教民且不令而行。邻境附庸之请，纳款求盟；属城叛义之徒，出师致讨。显分情伪，立辨安危。投者示疆场之区分，略不留意；逆者遣腹心而征戍，曾不缓期。西北洞穴之甿⑦，昔聚陆梁之党，齐民废业，封豕为妖，恃险凭凌，据岩扺拒。王迺先与指挥，喻之向背，以怀土者计于耕织，伐叛者须用干戈。曾无顺理之夫；果中平奸之术。三令五申，授之以玄女之法；一鼓再鼓，指之以太公之谋。号令才施，旗鼓齐震。有攀木缘崖之士，舍悬车束马之劳。弯弧而兔伏麈惊，举刃而冰消瓦解。以此谋略，除定边陲。化战垒为田畴，谕编甿于礼义。而政出汤仁，劳于禹足，示久安之基址，廓永逸之筹谋。创筑重城，绕郭四十余里，露屋云横，敌楼高峙，保军民之乐业，镇闽越之江山。而又战舰千艘，每严刁斗，奇兵四出，克静烟尘。古有岛外岩崖，蹴成惊浪，往来舟楫，动致败亡。王遥祝阴灵，立有玄感，一夕风雷暴作，霆电呈功，碎巨石于洪波，化安流于碧海，敕号甘棠港。至今来往蕃商，略无疑恐。

国家以闽越得人，可以均皇泽，可以律守臣，是以叠降渥恩，加尚书左仆射，寻拜中书门下平章事，封琅琊郡开国侯，食邑一千户。天复初，恩降私第门戟，加光禄大夫、检校司空，进封开国公，食邑二千户。弥岁，加特进司徒、太保，进封本郡王，食邑四千户，食实封一百户。天佑中，特敕建德政碑，立于府门西偏。开平初，加开府仪同三司、检校太尉。二年，兼中书令，进封琅琊王，食邑五千户，实封二百户。三年夏，麻书远降，检校太师、守中书令，食邑七千户，实封五百户。仍建东、西二私第戟，赐号忠勤守志兴国功臣。翌岁，敕封闽王。天子御正殿，亲降简册，自东上合门，宣车辂冠剑，太常鼓吹，诏名卿乘轺，直抵南闽。至止之日，自江馆陈仪，注复展卤簿⑧、旌旗、珂佩⑨。文武导从，笼络井邑，箫鼓相望二十里，抵登庸馆展礼。王弁貂冠，被礼服、剑履，受册命，乘辂车，坐公衙，以彰旷代之贵盛。虽郭尚父、浑令公之恩泽，无以加也。其后，明庭以三代封崇隆盛，特敕建私庙，下太常定礼仪，降祭服，置神主，命星使赐于府西立庙焉。同光三年春，加扶天匡国翊佐功臣，食邑一万五千户，实封一千户。而劲直之道，甲天下之藩服，旋加守太傅。正处庙堂，三表坚辞，主恩俞允。升福州为大都督府，别署官员，以宠其忠孝谦明者矣。且文武宏谋，释道玄理，应机剖判，动合古人。以文即举君使臣以礼，臣事君以忠之义。岁声鹿鸣，广设庠序，至于礼闱考艺，无不言文物之盛，俎豆之风。以武即举重门击柝以待暴客。整八阵之名，说六韬之要。示廉直之道，辟宽恕之开。使将将无欺，杀杀为止。蜀相之且耕且战，恒在言前；晋师之入守出攻，不差料内。

释教乃早悟苦空，广开檀施，见三十三天之要路，弘八万四千之法门。集海内缁黄，启祇园斋忏，佛庙遍廓，雁塔干霄，钟梵之音，远近相接，人天之果，修设无时。老氏乃扣谷神之真寂，晓玄牝之机微。葺王霸上升之居，奏冲虚仙观之额。显于远祖，迨彼系孙。仙鹤翔空，灵龟护井，踞怡山之一岗，类真源之三桧。体国而惟忠惟孝，律身而克俭克勤。玄甲轻车，受圯桥之秘略；红旌皂纛⑩，法金匮之神书。至于宴犒军戎，迎待使命，丝簧喧耳，罗绮盈庭，听视之间，湛如止水。仍岁庆诞之月，国恩飞诏，颁锡骏马雕鞍，异罗宫锦，拜赐受宣，莫不西望恭恭，手舞足蹈。公暇之际，必极劝农桑，恳恤老目耋。数千里略无旷土，三十年卖剑买牛。但闻让畔之谣，莫有出征之役。江南雄镇，欢好会盟。外域诸番，琛赆不绝。其廪庾之丰盈，帑藏之殷实，虽鲁肃之囷，铜山之冶，比之霸赡，彼乃虚言。而劳不坐乘，暑不张盖，民仰之如夏日之阴，冬日之阳。其代天理物，可以盖天下也；守志化俗，可以仁天下也。岂钟鼎盘盂之铭镂，日月星晨之照临，而能穷斯玄功正道者哉？

且万灵拥卫，千圣护持，恒于寝膳之间，不失燮调之道。忽一日，告脉理不和，声气如缀，勉扶精爽，弘达死生。以邦国之重难，付兹后事；指生平之勋德，何异悦来！中台(坼)而玄鉴如欺，大昂沉而众星寝耀。同光三年十二月十二日，薨于威武军之使宅，享年六十有四。呜呼！社稷丧元勋之德，生灵失慈父之恩，连营比屋以皆号，牧竖樵童而出涕。且人伦大限，圣贤无改易之门；天道玄机，乌兔有薄蚀之运。今英王启手足于富贵之际，传印绶于将相之材。身没名存，齐诸覆焘。嗣其世十有二人：长曰延翰，节度副使、管内都指挥使、特进检校太傅、江州刺史、琅琊郡开国公，食邑二千户，禀遗令充节度观察三司发运留后。力侍汤药，寝食俱忘，草土之中，绝浆在疚。而三军百姓墙进衙门，奉王遗令，请主军府事，拒而号恸，泣血毁伤，不得已而从之。授受之日，中外帖然。真马援之须眉，守泰初之礼乐，器重镇俗，性直临戎，宽厚居心，条贯由己。娶博陵崔氏，封博陵郡夫人。明洁珪璋，礼恭苹藻，实轩冕之清门，配公王之伟望。次曰延禀，检校太保、建州刺史。恭守六条，肃清千里，邻封纳好，外户长闲，凶讣忽临，殒绝移日。娶清河张氏，封清河县君。正律闺门，柔奉箕帚。翌日，亲奔星月，忍别灵筵。次曰延钧，节度行军司马、检校太傅、舒州刺史、琅琊郡开国伯，食邑七百户。居丧枕(块)，执礼号天，竟以军府事殷，元昆对泣，推挽抚众，翊助竭心，友悌之情，古今无比。娶彭城刘氏，封清远县主。霸图令族，谢女芳华，以礼居丧，内助从政。次曰延丰，罗城都指挥使、检校尚书右仆射，娶广平宋氏。次曰延美，节度行军都指挥使、检校司徒、韶州刺史。并追号过等，旦暮难居，哀哀在疚，不自支致。娶陇西李氏。次曰延保，右散骑常侍、洪州长史。次曰延武，右散骑常侍、光州长史。次曰延望，右散骑常侍、梧州司马。次曰延羲，右散骑常侍、饶州司马。次曰延喜，右散骑常侍、易州司马。次曰延政，右散骑常侍、绛州司马。次曰延资，右散骑常侍、虔州司马。或年逾弱冠，或庆及成人，皆号慕苍黄，感动飞走，虽贾家三虎，荀氏八龙，岂可同年而语哉！女七人：长封琅琊郡君，适节度判官、检校司空、柳州刺史李敏；次适水部员外郎张思齐；次封琅琊郡君，适检校太傅、睦州刺史钱传珣；次适观察判官、尚书工部员外郎、封州刺史、赐绯鱼袋余廷隐；三人未出适。令孙三人：长曰继昌，将仕郎、检校尚书、工部员外郎、柱国，赐紫金鱼袋；次曰继真，将仕郎、检校尚书、金部员外郎，赐紫金鱼袋；次曰继宝，守大理评事，赐绯鱼袋。皆诗礼承颜，轩裳禀庆。五侯九伯，当自此而翱翔；万石千钟，定由兹而兴建。况尊灵在殡，号恸满堂，藩垣之莫酹无时，中外之牲牢结辙。至于桑门开士，霞帔道人，列校牙璋，内戚外属，展祭而阗郛溢郭，发言而扰涕伤怀。峨丰碑于柳营，行人堕泪；掩贞魂于蒿里，黄鸟兴哀。即以同光四年三月四日卜茔于闽县灵岫乡怀贤里仙宗山凤池之原，魏国顺正尚贤夫人茔域之东，礼也。合祔魂魄，并列园茔，左龙右虎之岗，坤盘艮峙之垅，长平峭拔，万岁千秋。承赞才谢经纶，叠尘樽俎，捧至哀之见托，熟勋德于生前，虑陵谷之变迁，敢编联于贞石。谨为铭曰：

天地凝精，岳渎降灵。粤有雄杰，镇于闽城。文同周召，武定韩彭。

功存带砺，政显忠贞。于嗟逝水，忽然东倾。崇勋冠古，遗德垂名。

仙宗卜宅，合祔园茔。庆钟奕世，代袭殊荣。因□礼葬，赠马悲鸣。

百身莫赎，万古伤情。

忠懿王先在怀贤里安葬，山岗不利，长兴三年岁次壬辰九月十九日戊戌迁奉归宁碁里吉地，天成元年十二月廿五日敕封忠懿王。

同光四年岁次丙戌二月戊子朔十八日乙巳置。将仕郎前守河南府文学王伥书并篆盖。

节度衙前虞侯林欢镌字。

〔注释〕
①申甫：周代名臣申伯和仲山甫的并称，借指贤能的辅佐之臣。
②闺阃：旧指妇女居住的地方。
③恂恂：恭顺的样子。
④韬钤：古代兵书《六韬》和《玉钤篇》的并称，后来泛指兵书。
⑤诚勖：训诚勉励。
⑥徇徇：依从，曲从。
⑦甿：即"氓"，古代称百姓。
⑧卤簿：我国封建社会帝王制度的重要组成部分，一般指"仪仗队"。
⑨珂佩：珂制的佩饰。珂，似玉的美石。
⑩纛：古代军队的大旗。

翁承赞（859—932年），字文尧（一作文饶），晚年号狎鸥翁，祖籍莆阳兴福里竹啸庄（今莆田北高镇竹庄村），后迁福清。

唐景福元年（892年），翁承赞从福清赶赴京都，应试不第，在长安滞留4年。到唐乾宁三年（896年）才登进士第，以第三名擢为探花使。翌年，又擢博学宏词科，授职为京兆尹参军。由于他学问渊博，文辞清丽，朝贵众口交誉，官职逐步升迁，累官秘书郎、右拾遗。他看到割据一方的藩镇和掌兵弄权的南北司内外勾结，认为这是朝廷的莫大隐患，曾上章抗言："方镇交结权幸，终必误国"。其直言敢谏赢得朝野的赞许。

翁承赞羁留京都多年，觉得自己无补于大局，便萌归思。正好这时昭宗李晔为羁縻威武军节度使王审知，命他持节回闽册封王审知为琅琊王，他便高兴地于唐天祐元年（904年）踏上归程。

翁承赞回到福州，备受王审知的礼遇，一再挽留，但他朝命在身，不能久留。又回到长安复命。

天祐四年（907年）四月，朱全忠逼唐哀帝李柷"禅让"，自就帝位，改国号为梁，定都开封。翁承赞归梁，被擢升为谏议大夫。这时，王审知为求闽中政局安定，向朱全忠上表纳贡。朱知承赞前曾使闽，便派他为副使。于后梁开平三年（909年），再次回闽册封王审知为闽王。

翁承赞二度回到福州，目睹人民安居乐业，"江山胜往年"，便产生了终老故里的念头，但王命难违，只好"自恨悠悠再别家"，重返开封。

朱全忠提升翁承赞为史大夫，加左散骑常侍。但他看到朱全忠日渐骄恣凶悍，难与为治，而王审知却能励精图治，有贤明之称，便不再留恋中朝，毅然辞官返里。

翁承赞回闽，王审知即拜他为同平章事，擢居相位，后又晋爵晋国公，并将他的出生地乡名改为"文秀"，里名改为"光贤"，以示荣宠。

北宋

乞牵复英州别驾郑侠状

苏　辙

　　右臣窃见英州别驾郑侠，昔以言事获罪，投窜①南荒。侠有父年老，方将献言，自知必遭屏斥，取决于父。父慨然许侠，誓不以死生为恨。而流放以来，迨今十年，屡经赦，终不得牵复。父日益老，而侠无还期。有志之士，为之涕泣。况自陛下临御，一新庶政，凡侠所言，青苗、助役、市易、保甲等事，改更略尽。而侠以孤远，终无一人为言其冤者。臣与侠生平未尝识面，独不忍当陛下之世，有一夫不获其所。是以区区为侠一言，伏望圣慈，特赐录用，使其父子生得相见，以慰天下忠直之望。谨录奏闻，伏候敕②旨。

〔注释〕

　　①投窜：放逐，流放。
　　②敕：皇帝的诏令。

〔作者简介〕

　　苏辙（1039—1112年），字子由，北宋散文家，自号颍滨遗老。卒，谥文定。汉族，眉州眉山（今属四川）人。嘉祐二年（1057年）与其兄苏轼同登进士科。神宗朝，为制置三司条例司属官。因反对王安石变法，出为河南推官。哲宗时，召为秘书省校书郎。元祐元年为右司谏，历官御史中丞、尚书右丞、门下侍郎，因事忤哲宗及元丰诸臣，出知汝州，贬筠州、再谪雷州安置，移循州。徽宗立，徙永州、岳州复太中大夫，又降居许州，致仕。唐宋八大家之一，与父洵、兄轼齐名，合称三苏。

论新法进《流民图》疏

郑　侠

　　臣伏睹去年大蝗，秋冬亢旱，以至于今，经春不雨，麦苗枯焦，黍粟麻豆，粒不及种。旬日以来，街市米价暴贵，群情忧惶，十九惧死。方春斩伐，竭泽而渔。大营官钱，小求升米，草木鱼鳖，亦莫生遂。皆中外之臣辅相陛下不从道以至于此。

　　臣窃惟灾患有可召之道，无可试之形，其致之有渐，而来如疾风暴雨，不可复御。流血藉尸，方知丧败，此愚夫庸人之见，而古今比比有之。所贵于圣神者，为其能图患未然，转祸为福者耳。方今之势，犹有可救。臣愿陛下开仓廪，赈贫乏，诸有司敛掠不道之政，一切罢去。庶几早召和气，上应天心，调阴阳，降雨露，以延天下万姓垂死之命，而固社稷万万年无疆之祉。夫君臣际遇，贵乎知心，以臣之愚，深知陛下爱养黎庶甚于赤子，故自即位以来，一有利民便物之政，靡不毅然主张而行。陛下之心亦欲人人寿富，而跻之尧舜三代之盛耳。夫岂区区充满府库盈溢仓廪，终以富衍强大胜天下哉？而中外之臣，略不推明陛下此心，而乃肆其刀锯^①，劘^②割生民，侵肌及骨，使之困苦而不聊生，坐视夫民之死而不恤。陛下所存如彼，群臣所为如此，不知君臣际遇亦作何事，徒只颐指气使而已乎？

　　臣又惟何世而无忠义，何代而无贤德？亦在乎人君所以驾驭之何如耳。古之人，在山林畎亩，不忘其君，其刍荛^③、负贩、匹夫、匹妇，咸欲自尽，以赞其上。今陛下之朝，台谏默默，具位而不敢言事，至有规避百为不敢居是职者，而左右辅弼之臣又皆贪猥近利，使夫抱道怀识之士，皆不欲与之言，不知时然耶，陛下有以使之然耶？以为时然，则尧舜在位，便有夔契，汤文在上，便有伊吕，以至汉唐之明君，我祖宗之圣朝，皆有大忠义、大贤德之臣布于中外。君臣之义若腹心手足然，君倡于上，臣和于下，主发于内，臣应于外，而休嘉之德下浸于昆虫草木，千百世之下，莫不欣慕而效则之。独陛下以仁圣当御，抚养为心，而群臣所以应和之者如此，夫岂时然，陛下所以驾御之道未审尔！陛下以爵禄驾驭天下忠贤，而使之如此，甚非宗庙社稷之福也。夫得一饭于道旁，则遑遑图报，而终身餍饱于其父，则不知德，此庸人之常情也。今之食禄往往如此。若臣之所闻则不然。君臣之义，父子之道也。故食其禄则忧其事，凡以移事父之孝，而从事于此也。乃若思虑不出其位，尸祝不越樽俎，治庖人之事，牛羊茁壮，会计当各以其职而不相侵也。至于邦国若否，知而不言，岂有君忧国危，群臣乃饱食餍观，若视路人之事而不救，曰吾各有守，天下之事非我忧也！故知朝廷设官，位有高下，臣子事主，忠无两心。与其得罪于有司，孰与不忠于君父？与其苟容于当世，孰与得罪于皇天？臣所以不避万死，深冒千万重之天阍，以告诉于陛下者，凡以上畏天，中忧君国，而下忧生民耳！若臣之身，使其粉碎如一蝼蚁，无足顾爱。窃闻南征北伐者，皆以其胜捷之势、山川之形为图而来献，料无一人以天下之民，质妻卖儿，流离逃散，斩桑伐枣，拆坏庐舍而卖于城市，输官橐粟，遑遑不给之状为图而献前者。臣不敢以所闻闻，谨以安门上逐日所见，绘成一图，百不及一。夫饿殍之民，陛下之民也；流离之民，陛下之民也，尸首横分，膏血原野，鸱④狸荐食，谁加收瘗⑤？妻质夫号，妻顾夫而叮咛子幼；子鬻父哭，子恋父而悲惨娘啼！稻黍绝根，桑麻赤地，屋舍塌坏荒芜，如入无人之境。奉法之吏，追呼催逼犹故，民不聊生，如此之极。但经圣明眼目，已可嗟咨涕泣，而况数千里之外，有甚于此者哉！其图谨附状投进，如陛下观图，行臣之言，十日不雨，乞即斩臣宣德门外，以正欺君谩天之罪；如稍有所济，亦乞正臣越分言事之刑，甘俟诛戮，干冒冕旒。

熙宁六年三月二十六日、十一月十一日奏状，为大臣诬罔至尊，绝不近理。彼皆有所凭恃而后敢为。如大臣对陛下皆云天灾民流，百物失所，兵革不息，为天数者，臣乞问其人为学周公耶？学孔子耶？孟子耶？周公作《无逸》，历陈人君之享国三四十年，或五六十年，皆由人君严恭寅、畏天命，自度治民祗惧不敢康宁则有永，不知稼穑之艰难，不闻小人之劳生，则逸则有短。又曰："惟不钦厥德，乃早坠厥命。"使周公相陛下，而天旱民流，百物失所，兵革不息如此，周公曰天数乎？孔子告哀公曰："存亡祸福皆己而已，天灾地殃，不能加也。"使孔子相陛下，为天旱民流，百物失所，兵革不息如此，孔子曰天数乎？孟子曰："杀人以刃与政有以异乎？"又曰："王无罪岁。"使孟子相陛下，而天旱民流，百物失所，兵革不息如此，孟子曰天数乎？然以群臣所为学者，皆非周公、孔子、孟子之为人，而所以相陛下者，皆非周公、孔子、孟子之存心，则陛下独力何以为天下？臣所谓陛下独力者，谓无臣也，所谓陛下无臣者，非无群臣也，无大臣也。所谓大臣者，以道事君，不可则止而已。其高爵重禄，则日归于己，清资美职，则分授子弟。中使相望于道路，黄金并聚于私室，而天旱民流，百物失所，兵革不息，则曰天数，此为大臣，则屠沽仆隶谁不克为？方今台谏亦如刍灵、木偶之类，皆所画一。伏愿陛下登宣德门，召文武百官、京城之民，以臣状示众。如众说以臣之言是，则望陛下稍稍惩戢左右近臣，使无得公然肆诞，以戕害万姓，危阽⑥社稷；如众以臣言为非，即乞斩臣于众人之前，以塞京师流言汹汹之路。

谨奏。

〔注释〕

①锧：铡刀座。

②劓：古代割掉鼻子的酷刑。

③刍荛：这里指割草打柴之人。

④鸥：古书上指鹞鹰。

⑤瘗：掩埋，埋藏。

⑥危阽：（使）危险临近。

〔作者简介〕

郑侠（1041—1119年），北宋诗人，字介夫，福州福清（今属福建）人，英宗治平四年（1067年）进士，其作品有《西塘集》等。

神宗时任光州司法参军，任满后进京城，监安上门。他不赞同王安石新法，旱灾时冒死绘流民困苦图献给神宗，还写了一份奏章，向神宗奏疏论新法过失，历数王安石变法之种种弊端。并言：陛下您如停止了新法，十日之内，必然下雨。否则我自愿领欺君之罪，请把微臣斩首于宣德门外。第二天宋神宗终废新法。废除新法三天后，大雨瓢泼，"远近沾洽"！后因揭发过曾与王安石交往密切的吕惠卿的罪状，被贬逐英州。哲宗元祐元年时始得归还，苏轼、孙觉等人推荐他为泉州教授。元符间再贬英州。徽宗即位后放还，官复前职，但不久又为丞相蔡京所毁夺。从此未再出任官职，家居终老。

谢苏子瞻端明启

郑　侠

孤游敢言，惟愤朋邪之罔上；大臣引类，不识面目而论心。枯朽暗华，宁却吞力之大；漂流靡届，忽逾星纪之周。偶因友盍之多闻，知百恩闭之逾峻。是焉悦服，至于不眠。窃以物惑而来，道长为患。不知有君臣之义，不知有神民之依，惟利之为图，惟身之为进。故取于下，则庾廪①碑竭，饥穷相食而不以为念。进于上，则忠嘉跋斥，朝廷将空而不以为忧，以致旱暵②仍年，蝗螟蔽野，流离无可归之室，兵革无不试之方，可为痛心，无若是节。九重之遂，一言不通。偶守关征，实厌舆论。以人虔世，欲生奚为？况当云汉侧身，累闻避殿而撤膳。露台请雨，至于披发而叩天。是激愚衷，直欲大叫。犹虑耳闻之无实，不敢上渎于所尊。乃以厅事之前目所亲睹，画工初学，手指令图。引以短书，证之古语。请罢诸割剥不惠之政，而默去邪佞不直之臣。诏边鄙以息兵，开仓廪而赈乏。如蒙圣听悉依愚言，天泽稍后于一旬，臣头请枭于双阙。囊封午达御寝，夜望清旦之朝。庶敝咸止，此则神宗皇帝圣慈明睿，从谏如流。虽尧舜复生无此遇者也已。而又降手诏，许中外实封言事，远近如跃，霖雨应期。泊奏疏宣示之朝，乃微臣谗谮之始。或请逮击，或议刑诛。则匦函应诏之书，乃奸臣蔽主之路。内外庶司之会，问报必诡辞。一二近臣之输忠，旋皆就劾。如某草芥，何足齿牙。自古奸邪回天，忠嘉就戮，事不少济，死尚如归。未有如某之遇先帝，所请皆行。上台以是出金陵，谀佞侧目，咸欲食其肉醢③其骨，而圣恩庇护，止于岭表之迁者也。冕旒远天，神圣继统，离明涣汗，睽鬼丧舆。然后明公钜儒，相次萃聚，期以四方万里，同此泰亨。事君以人，聚朝以类，是以愚懵之人，被兹荐举，直欲召自远方置之近列而不知己也。此盖伏遇端明先生辨内外之境，究荣辱之归，不以人灭天，故诚不以物累志，故正虚而生大，白以成明。继古人之忠端，作当代之标准。以为世本无事，由人妄而事生。人本非邪，以正消而邪炽。若正直之并进，即奸欺之自消。而况包荒不遗遗，大臣之能事，举直错诸枉，圣人之格言，如汤化冰，如雪见睍④，故以作多士之气，应一时之宜。此真古昔辅弼之臣，知政之体而能佑佐大有为之事者也。不幸奸孽暗藏，良遇中变，风波横起，纷扰更深。至于乃今，不异前日。下愚狷介，势厄志衰。多病侵寻，目昏足痹，知难自退不俟劳言。方兹圣德日升，群心景附，虚怀弥亮，侧席俊良，深简帝衷，莫如门下。伏愿早膺纶口，入正台槐，以平日所欲言而不得言者，倾竭于冕旒之前；以平日所欲行而不得行者，料缀于钧轴之上。毋念旧恶，毋记往愆。释群疑于部屋之丰，涤众污于雷雨之解。调谐政化，俾如琴瑟之和；协叙雨旸，必若桴毂之应。若昆虫草木，无不咸若。而山川鬼神，亦莫不宁。如此则受恩之人如囚脱梏，扶持衰疾，乞丐东归。守先人之屋庐，收诸弟之孤幼。时风节雨，追野老于其同；糗饭藜羹，与天民而皆足。使霜颐雪额，长歌舜禹之年，而狼徇犬驰，或起夷齐⑤之操，则不肖之于门下，不为无补报者也。

〔注释〕

①庾廪：谷仓。

②暵：干枯。

③醢：剁成肉酱。

④睍：太阳出现。

⑤夷齐：殷代的伯夷和叔齐，是孤竹公的两个儿子，为儒家称颂的品德高尚的人。

望阙台记

郑　侠

　　望阙台者,有所思之作也。居士本以儒学中第,初任光州司法参军,次监在京安上门,即以门吏论朝廷阙失,力诋大臣之欺君苦民者。封章十上,天子以为讦露太过,斥弃岭外,英乃贬所。而居士能自见其过也,以为居下位而非议其上,论适不已,此万死不赦之罪。上赖君父至仁,清明之朝不肯为炉镬炙煮之事,故赐之再生,以御魑魅于南之陲。为人臣者不择地而安之,忠之至也。是以北望京国三千馀里,而东望其亲之庭亦若是。与身居辇下膝前同。大庆之麓,朱塘之湏①有庐焉,稍可以避风雨,则以为舍止之至足,无所愿乎! 高明之甍者也,蔬糗②浆醴苟可以待饥渴,则以为食饮之至足,无所愿乎! 食前方者,夏葛冬苎苟可以待寒暑,则以为裳衣之至足,无所愿乎! 锦绮文绣者也,大瓠之尊、小瓠之勺、瓦盏木箸、竹床石坐、蒲苇之席、断砖之枕,则以为皿用之至足,无所愿乎! 金贝牙玉,珊瑚琥珀者也,然而情非土木也,行坐起卧,食饮默语,所不能忘怀而缅然长思者三焉:君也、亲也、古人也。乃筑土为台,三级而高十尺,命之曰“望阙之台”。作茅屋三间于上而朝夕居焉,总而名之曰“茅堂”。堂为轩,北曰“北望之轩”。北望云者,君所在也。东曰“东望之轩”。东望云者,亲所在也。西曰“思古之轩”,思古云者,思见有道君子如古人众多之意也。或者曰:“子非心忧乐者欤? 何其多思乎?”忘忧乐,非人也,夫忧其可忧而乐其可乐,此人之义性也。特世人乃以忧忧乐以乐,乐忧乐非其所可乐,忧非其所可忧,此其沦胥而愚,终莫之悟，死而后悔者也。夫忧乐二字，施用不同，此圣愚之所以分，或用之覆载高厚，弥纶宇宙，一念一虑，而大之天地，细至昆虫草木，夐③古之上，万世之下，靡不受其赐而有馀，或者区区儿女，耳目口腹之欲，终世营营而不足，有道者陋之。故有无喜无忧，心不忧乐等说，此非为夫忧人之忧、乐人之乐也。言为世俗之误谬而发耳。故孔子间处有忧色，颜回闻之，援琴而歌，召而问曰："回奚独乐？"对曰："夫子奚独忧？"诘其自为乐者，以乐天知命，有忧之大也，乃所谓万世之为心者。

夫内则父子，外则君臣，人之大伦。父子君臣内外之辨名耳，其道不二致，故经曰：父子之道，天性也，君臣之义也。舜之往于田曰，号泣于旻④天，于父母公明高以孝子之心，不若是恝恝者合也，无所往而不合其心，是之谓恝孝子之心，以顺于父母为恝者也。不顺于父母则无所往而恝矣。故九男二女，百官牛羊，仓廪备天下大悦而归，己无足以解忧。惟顺于父母，为足以解忧。为人臣者，移所以事父之道事其君云尔。人子之心，不若是恝人臣之心，能若是恝乎？故诗曰：考槃在涧，硕人之宽，独寐寤语，永矢弗谖⑤。考槃以成乐言其乐云何？吾之幸而知有君臣、父子之大，能无以物累其心者，进以得君乐，退以忧君乐，此其所以成乐人，皆彼而我，此则独矣。而终身不忘君也，永惟直而已。不忘君，是之谓永矢弗谖，此则忧思之意者。以诗书考之，尧舜夔契乐而丘轲回丑，忧是八人者，易地则皆然。

其乐其忧，吾于是得其师。故虽摈斥万里，而望阙思亲想念古人，莫吾能已也。朝焉思，夕焉思，日入月出有改，而吾心无改也；生焉思，死焉思，物聚物散有改，而吾心无改也；仰焉思，俯焉思，日月星辰山川草木皆吾思也。回环以顾，飞鸟行云至于蝼蚁皆吾思也，故其台三级而高十尺，三言周，十言匝也。然则奚乐耶？奚非乐耶？奚忧耶？奚非忧耶？断之曰：有忧君亲，无心回丑；有乐君亲，无心夔契。穷则回丑，达则夔契，其居士之谓乎？

元丰五年中秋日记。

北
宋

〔注释〕

①湑：水边。

②糇：古代指干粮。

③夐：久远。

④旻：指天。

⑤谖：忘。

惠州太守陈文惠公祠堂记

郑　侠

守土之臣，分忧恤于当宁，而为天子牧斯民。故太守者，千里之父母也。人之情，爱之则亲，恶之则疏。未有父母慈于民而民不以父母亲之者。世之叨懵①，暴其恶于民物，从而罪其违也。盖未始不以顽猾弗可化诲为言，是岂知人之情，爱之则亲，恶之则疏之说哉！故夫为守长者之于民，惟不欲抚爱之则己。古之贤者，其来民说，其去民思。至有断鞅卧轮，不忍其去，犹召公甘棠之芰，羊祜②岘首之碑，盖其欣欢思爱，率皆一时之事，而千古之下望其棠，睹其碑，则尊慕感慨之心油然而不知。夫诚告之丁宁，泣涕之滂沱者，自何而来也？岂天下之广，而独西周襄阳之民为易化诲乎？不然，何其于奭祜之深也？是亦抚之有道云尔。太守陈公之于惠阳，其真得所以爱抚之道欤！生祠堂者，郡民思公之作也。公之为州，曰："天子之命我来者，以我为州，非以州奉我也。是故有所为乐，乐而非民之所同乐弗乐也。有所为忧，忧而非民之所同忧弗忧也。"故事无小大，行无难易，莫不致其虑，毕其力。而讼诉簿书之繁，至于饮食不遑暇，昼夜以思。唯公家民物之利是起而弊是去，由是尽得州事之悉。若学校颓圮，士子不闻礼义，而民不知有诗书之为可贵。公为之新其堂，而聚书延豪俊，集生徒而训养之。民于是知入孝出悌，君臣父子之大方，为父兄者乐其子弟之从学焉。丰湖堙废，岁以涨潦为患，至于漂溺人物，公为之筑重堤以障其患，或堰或闸，以闭以泄，各得其宜。岁之租入，乃比于旧十倍。而蒲鱼笋芡之利，鳏寡孤独是赖。南民大率不以种艺为事，若二麦之类，盖民弗知有也。公始于南津阒地教民种麦，是岁大获，于是惠民种麦者众矣。而酉平村为上城外之市，旧有四门，门外为关防，适足阻节往来。公始命撤去之，通道大坊，行者无禁。此皆郡之大利害，众所欲起而不能兴，欲其去而不能废者，惟公力能行之。至于沚渚亭台，湖山之楼，长桥巨坊，公与其属以休以游，席春幄③之奇葩，怀暑阁之清风。霜柑肥鲈，雪蟹浮醅④，未尝不思于惠民均所乐，其设心以为千里之内，有一人不如吾樽俎觞前之乐，非吾乐也。故隼旟⑤皂盖一出，而巷无居人，鱼鸟之类亦迎公之来，欣欣如也。是以民莫不怀感而相与。名公之桥曰"陈公桥"，亭曰"陈公亭"。及公之去，民又不胜其思，相与绘公之像而祠焉。由是言之，则惠民之于陈公其所以亲之者，其与周人之于召公、襄人之于羊祜，宁小异乎？今其人存而所以思见之者，至求之于仿佛之形象也，其又安知千古之下有临公之桥？望公之亭，对公之祠独不尊慕感慨而不知，夫诚告丁宁，泣涕之滂沱如昔日乎？夫施之图报，非有德者之本心，然而报不称施，则非人矣。是故报施称者，生民之大常。吾嘉夫陈公之能一州得民，以今望古无少愧。又嘉夫惠之民能知悦公之德，去而能思，思而能不忘，至于为之祠。其于周人甘棠勿伐，岘首堕泪无间也。故为之揭石，以告于后焉。

〔注释〕

①懫：忿戾，违抗。

②羊祜：字叔子（221—278年），山东泰山郡平阳人，西晋开国元勋，博学能文，清廉正直，深得军民之心。

③幄：布巾围起的个人寝室。

④醅：没过滤的酒。

⑤旟：古代的一种军旗。

南宋

福清图经总叙

林　栗

　　州之东南，可以宿舂而至。其初曰万安县，乃唐圣历二年，析长乐万安乡为之，距今四百七十有年矣。天宝元年，改曰福唐。黄巢之乱，版宇分裂，王氏据有此土，尝改为永昌矣。是岁，梁开平二年也。后唐同光中复为福唐。长兴四年，始更今名，盖二百四十有三年矣。晋开运三年，即南唐之保泰四年也，王氏且灭，遂以此土属于南唐，而州将李仁达疑不就征，以归吴越钱氏。建隆初，始再开辟。钱氏受正朔，奉职贡，趋朝会，不失藩臣之礼。至太平兴国三年，始于所领十三州入职方氏，而此县乃得为天子之土也。

　　县之主山，自石尤发源，东南行，为仙人岩，为百一岭，为云际山，又折而西，为吴岭，为地藏山，为石井，为鹫峰，千旗万马，奔轶向前，乃为县治。其状隐隐隆隆，如珠走盘，挟以东西二阜，前对玉融峰，环揖诸山，豪峻秀媚，可喜可愕。合西北诸溪之流出于县右，横贯其前以入于海。海之潮汐日再至焉，跨以虹梁，杰为东南一伟观。县之谯楼据高而临下，重门修庑①，乔木苍然，丞簿尉厅列其左右，望之巍然如大邦君之居。旁近诸侯过之往往自谓不及，可谓壮哉县矣。县北边大海，西接永福游洋，南走莆田，北走趋府者，道其县二。凡通途四，而支径不与焉。石尤岭其一也。石尤正北，其半为长乐县，少西为白鹿岭，又为螺岭，为常思岭。三岭之半，皆为闽县，而常思岭则南北驿路之所标帜也。

　　所隶镇一，曰海口。寨三，曰松林、苏澳、南匿。驿二，曰渔溪、太平。铺五，曰蒜岭、假面、石墌，其二则并驿而置者。其里七，乡三十有六，僧寺道观一百九十有六，民户四万七千有奇。比闾垂薄，弦诵之声蔼如也。三岁大比，试于有司者殆二千人。登科之盛，至一岁而十人者，他郡之数多不逮②是。

知县事东阳范公既视事，问山川所从出，人物氏族所自来。告之不能十之一二。慨然曰："县如是，顾无图牒以贻来者，独非阙欤？"暇日过里居奉常林君，求士大夫之可语者，公以予对。乃因诸生之请，馆学可林君于学社，属以兹事。学可谢曰："予寓旁郡岁久，足迹所历未能遍于邑境，况耳目所不到处，安得无脱略抵牾③耶？"公曰："姑试为之，倘有阙遗，后来子云宜任其责。"

图成，余不揣，谨论次而为之叙云尔。

〔注释〕

①庑：正门对面或两侧的小屋子。

②逮：到，及。

③抵牾：矛盾。

〔作者简介〕

林栗，字黄中、福清（今属福建）人。高宗绍兴十二年（1142年）进士，调崇安尉，教授南安军。二十八年，召为太学正（《建炎以来系年要录》卷一七九）。孝宗即位，迁屯田员外郎、恭王府直讲。因进言得罪权贵，出知江州。召还，为吏部员外郎兼庆王府直讲，迁太常少卿。除直宝文阁，出知湖州、兴化军，移南剑州，除夔路提点刑狱，改知夔州。淳熙九年（1182年），夔州属郡施州豪强谭汝翼与知恩州田汝弼交恶，聚兵攻战，栗坐受田氏金，夺职罢归（《宋会要辑稿》职官七二之三五）。旋复直宝文阁，除广南西路转运判官，就改提点刑狱，又改知潭州、知隆兴府。十五年，召对，除兵部侍郎。会朱熹召为兵部郎官，二人论学不合，遂劾熹本无学术，妄自尊大。太常博士叶适上书辩之，侍御史胡晋臣乃劾栗，因出知泉州，改明州，奉祠以卒，谥简肃。他是宋代五位福清籍理学家之一。

《西塘集》序

黄祖舜

祖舜为儿童时，已闻邑有郑先生之贤，而未识也。既冠预乡贡，始获谒公而谢之，亲承诱诲，因目前辈老成之风，实政和丙申岁也。其年如京师，又八年窃第东还，则公亡矣。已而从陈直讲国材游，乃闻公出处之详，且得公所为《大庆居士自叙》而读之，有曰：幽暗阒寂，此正祇鬼着眼处，是以不自欺于方寸。由是知公平居克己，不愧屋漏，其学一本于诚而已。抑尝验公之所言所行，与夫居乡党，处患难，无一不合于道也。盖有所本而然。初，公在金陵以《咏雪》诗见赏王荆公，遂游其门。及言新法不便于民，始获谴怒。公终不肯诡随，持论益坚。其笃道有守如此。与王安国议论素合。公坐封事滞狱，株连及之。独能慷慨发言，使友人不敢匿其亲而有隐。其信义服人如此。自为小官，极口论大利害，虽死不顾。两遭窜贬，颠跌艰厄，初无惨沮[①]之容。卜筑岭外，若将终身焉，则其在困穷，不改其操矣。晚岁逢恩南还，徜徉里口，意趣超然，至于疾病易箦[②]，了无遗恨，尚能哦诗，有“身如过鸟在云边”之句，则又不惑于死生之际矣。公之始末，既见于此。声名虽暴于一时，道业不显于当世，君子惜之。若乃发为词章，虽数千万言，特公之馀事耳。公之生平著述，类多散逸。公之孙嘉正亳联缕辑，仅得十之三四，其孜孜孝诚，不忍遗坠之意可尚也。学者傥[③]能由斯文以究先生之学之守，诚可为末俗无特操者之戒云。先生讳侠，字介夫。西塘，盖其所居之地名也。

隆兴二年十月朔日，檗山黄祖舜序。

〔注释〕

①沮：（气色）败坏。

②箦：床席。

③侊："倔"的异体字。

〔作者简介〕

黄祖舜（？—1165年）字继道，福清平南里大壤村人，北宋宣和三年（1121年）进士，绍兴初年任衢州教授。绍兴三十年（1160年）为同知枢密院事兼权参知政事。其时朱熹针对金兵南侵失败后的朝中形势投书宰辅黄祖舜，抨击朝廷主和苟安。隆兴初，罢知潭州。宋徽宗时黄祖舜往南安雪峰寺祀祭，并在墓前立碑"雪峰开山父母墓"，并植罗汉松于墓旁，由莆坊巷迁居福唐平南里（今福清东瀚）大壤，及卒，年六十六岁，赐谥"庄定"。

送李子勉序

王 苹

子路问强，夫子告以南北方之强，而纵言至于和而不流，中立而不倚。国有道不变塞焉，国无道至死不变，皆以强矫之士特立独行至死不变，亦可以无愧矣。进德此至亦不可以有加矣。夫子又谓士不可以不弘毅①，强即毅也，何待于弘哉？而子思称孔子之圣必曰：宽裕温柔足以有容，发强刚毅足以有执，乃能溥溥②渊泉而时出之。信知弘毅之不可偏也。

李子勉，余畏友也。刚直不屈，言行必求合于古人，与人合如胶如漆不可复解，不合不能忍见，虽忤③大臣拂流俗曾莫之顾。然有意为之，未若无心而适当；直前不顾，未若应之从容。余尝有意于斯而未能。愿与子勉共进之，故书以告焉。

绍兴六年岁在丙辰四月望日长乐王苹序。

〔注释〕

①弘毅：宽宏刚强。

②溥溥：广大。

③忤：这里是不顺从之意。

〔作者简介〕

王苹（1082—1153年），字信伯，福清剂上（今龙山）人，早年迁居平江（今江苏吴县），故自称"长洲人"（696年，武周析吴县东部分置长洲县）。当时理学家程颐在涪陵、洛阳一带讲学，王苹追随程颐就学，后成为宋代五位福清籍理学家之一。王苹"素行高洁，有忧时爱国之心，开物务成之道。"高宗召对王苹，王苹以"天人合一"的主张推动高宗抗金。有《周易传》《论语集解》等著述传世。

答吕舍人书

王 莘

莘自前年冬罢官毗陵即还村落，复以贱累疾病相仍。去冬山妻不幸伤悼之切，殊不能堪①。以此不获为记室问，然怀仰德义，朝夕台海，感佩不胜。舍人日与道俱，想聪明才智不能为胸次累也。老氏谓为学日益，为道日损，损之又损，以至于无。此舍人所深晓也。于道既得之，则圣人所以斋戒，所以退藏于密，所以和顺于道德者，皆不过此。斋戒者若颜氏之心斋是矣，未始有回，方能如是。所谓密者，意必因我有一尚存则不密矣。如庄生谓未始出吾宗。释氏谓鬼神窥觎不见者乃密也。既如是，则于道德未有不和顺者，所过既化，则所存者神尔。神功无二也，学者所造未至于极，则不能无先后之序。自志学，至于立于不惑，至于知天命，皆其序也。故不成章则不能达。子思云：行远必自迩，登高必自卑。不以躐等②为贵也。人与仁异，孟子以学者分此。故谓仁乃人也，能体合之即道也。孟子以人与仁与道，未尝异也。学者正欲合之尔。天生烝③民有物必有则，如耳目者物也，能视听者则也。心主于身，不存则放矣，性则养之尔，二者学者之事。故谓之事人远豪下问不敢不赧然④词拙理暗胜愧汗。

〔注释〕

①堪：忍受。

②躐等：超越等级，不按次序。

③烝：众多。

④赧然：形容难为情的样子。

游罗汉院记

林亦之

九月二十日，月鱼子同吾党十有二人游钟山。日向夕，幽趣未足，更登一小垤①，望其下有破屋一区，或识为罗汉故院。四边无尺椽，惟中夹一古殿，倾崎。仅存殿中有数只凡子，尘埃一色。晚而视纵横皆佛躯，或断其臂，或阙其鼻。壁之西北角有圣僧锥子一枚，虫食其半。屋梁上挂一片破甄②，翩翩欲坠。而世尊尚巍然于高坐上，开目微笑，如乡者说法时也。同游见之，伤嗟不已。予遂以守摩挲虫蛀锥子，生口叹心云："此真所谓法王法如是也。"又有语我者："此去大湖十数里，有一院，目之为大蓝，南北西东固无篱壁，佛殿上头亦无屋子，萧然数柱荧荧③而立，下有大藏经一柜，柜板已坏烂，而经卷所寄乃在风雨草露中，半为蚁巢半为朽坏耳。人西过横塘一带，有如东林，不惟薪石既毁，所谓故基往往莫辨。前后沙门惟指一草峒为主持。"余闻此语不觉失笑。双履西归，谓佛法即灭，所赖有此生生无灭也。月鱼□平生不学佛，偶闻此语，便欲写之碑阴，而草莽无有刻之处，入门已昏黑，即促灯书之，聊以补《传灯录》之阙。弥勒下生，当有肯吾语者不也。

〔注释〕

①坯：小土堆。

②甑：古代炊具。

③茕茕：形容孤孤单单，无依无靠。

〔作者简介〕

林亦之（1136—1185年），字学可，号月鱼，福清人，是林光朝的弟子。讲学聚徒于莆之红泉。赵汝愚帅闽，荐于朝，未及命而亦之卒矣。学者称网山先生，是宋代五大福清籍理学家之一。

复庵记

陈 藻

余客姑苏且半载，罕相识者，窃自笑曰：丁宽[①]《易》不东矣，归念颇浓。陈氏子年逾弱冠，吾乡大义谱也。先世之浙宦而家焉。近膀一庵为复，请余文以记。噫！俊甫未知复之为义大矣哉！扬子云：太元尝发之曰阳气，潜萌于黄宫，信无不在其中，此万物孚也。人一善念动于肝鬲，则为百行之原，用为阶以升于天及乎天，则阶为筌是非阶也，焉得而筌之乎？天虽无穷，即是昭昭之多也。且在六十四卦之易为复，在一卦之乾为元，今子取而题其居以复知之耶？抑暗合之耶？知则请充之，暗合则请思之。颜渊何人也？俊甫何人也？有为者亦若是不远复无祗悔元吉，岂千载而上一颜渊而已哉？二也四也微由之系孰得其门？文公周公既大辟其门夫子象之又挈其人之手以入，孰拒俊甫之来哉？惟恐望之而不肯入也。若夫频复有可迷复可夫哉？俊甫貌古而言朴，保无是也。前言难尽，俊甫果有意乎？幸勉之。

天高地厚，以是一复为泰为壮为萃为益。舜不得是无以鼓南风阜财之琴，禹不得是无以歌九功[②]而叙九畴[③]。默坐其中而细惟其义，则斯须六合敛而聚，见于一庵又俄而尽归于俊甫之方寸，是其乐也，庸有既乎？

嘉泰壬戌季春朔日合沙陈某记。

〔注释〕

①丁宽：汉代梁人，著名《易》学大师。

②九功："六府三事，谓之九功。水、火、金、木、土、谷，谓之六府。正德、利用、厚生，谓之三事。"（《左传·文公七年》）

③九畴：指传说中天帝赐给禹治理天下的九类大法，即《洛书》。

〔作者简介〕

陈藻（约1151—1225年），字元洁，号乐轩，林亦之的弟子。原籍长乐（清乾隆《福清县志》说其侯官水西人），后侨居福清海口镇横塘。为莆田红泉学派代表，为宋代五大福清籍理学家之一。

陈藻屡试不第后，起初到海口网山追随林亦之，后又到莆田红泉书院跟随林亦之学习。陈藻"明理究学，浩然自得"，深得林亦之的精髓。林亦之去世后，接替老师任红泉书院教习。陈藻平时"入则课妻子耕织，出则诱生徒弦诵……独志孔、颜之学，学者称乐轩先生"。景定年间，陈藻的门人林希逸荐其贤，赠迪功郎，赐谥"文远"。2008年，陈藻墓碑在海口镇城里村被发现。其著作由门人（古代官名，又称宣教郎，始于宋）林希逸编为八卷本《乐轩集》。

龙溪协济庙记

黄 定

定髫龄[1]时，与群儿戏龙溪祠下，视东壁间有断碑，载长神张氏，名大郎，次神秀氏，名大敷，唐末由固始来闽，乐兹地佳山水，卜居；轻赀急义，时能赈乏；其没也，立庙而祀焉；水旱灾疾，祷辄应之。庙初亦草创载辟，每一厘役，弗劝而趋。盖神之庇此乡也久，故人之事神也勤。

余未进士时，梦抵神宫，二神为起立，顾余曰："后子必为闻人，族亦衍以大。今未也。"比壮，游场屋，历落久不遇。每谒祠，未尝不发愧意，神殆戏我？年二十八，始补太学生。旬月前，有异禽采质紫章集于舍，旦旦蜚鸣，若告其征。辛卯预荐，亦如之。壬辰奏春官，亦如之。已而对彤庭、叨首唱，是禽之至也率如前。耆老或言，曩[2]有庙像，时有禽如雀驯集神位，合境异之，罗而置诸像中，品色与今所见同。噫！亦异矣！定东归，拜祠下，访断碑已碎裂。深惟灵迹昭著，不有登载，后且湮没，姑说梗概，异时力偿可及，愿乞与褒封，且特书屡书，以像神呪[3]未晚也。乾道十年状元黄定记。

〔注释〕

①髫龄：童年。

②曩：从前。

③呪：祝。

〔**作者简介**〕

　　黄定（1130—1198年），字泰之，号龙峋，晚号巩溪居士，为永福县（永泰县）一都龙峋村（1958年划归福清县，建有状元府）人。乾道八年会试时，他在皇帝面试策问中，针对金兵压境、南宋偏安江南的危局，大胆建议皇上振作精神，改正过失，因其言词甚为恳切直爽，深受孝宗皇帝赞赏，宋孝宗乾道八年（1172年）壬辰科进士第一（状元）。中状元后，于孝宗淳熙三年（1176年），擢为秘书省校书郎。八年，为工部员外郎。九年，任最高学府国子监司业。淳熙十年，黄定任潮州知府。在潮州任上，他关心民间疾苦，尽力铲除弊政、复苏民田，还拨官田为学田，以赡养寒士贫儒，深受潮州人民爱戴。后来，黄定出知温州，为政清廉，兴利除弊，被当地士民所赞颂。此后，出任广东提举，主管广东路所属州县学校和教育行政。不久，升为国子监祭酒。黄定卒后归葬一都下倪山。

南
宋

网山月鱼先生文集序

林希逸

　　儒者之学难成矣。学成而穷不售，则以空言传，此不能于人，能于天者也。然严谷之藏草木俱化，非附青云之士，则姓氏且就灭，其言岂尽传哉？是区区者可必乎？或曰："茫茫之生宇宙一律，其间杰然以人物名者，千百年几见哉？虽不幸摈弃于人以死意，其语言文字之遗，鬼神必且珍惜之，决不至委掷于他日。今夫泮洹禅仍衰荣霍忽，其摧败朽落，鼓万物者何尝少靳①之至。若剑埋鼎沉，一混泥滓，则精芒夜出，妖怪见焉，必使华赫震耀而后已。岂非以其不轻得，故亦不轻委欤？见伏迟速，特以时尔。"然以予观之，月鱼氏窃惑焉。据稿枯吟空山，生无一事如其意。年才五十死，死未五十年，而子孙饼盎不守松楸②，且几秃身。前后之穷，有不可道说者。遗文仅数卷，独吾徒犹有知之。至示之他人，莫不呛鼻吓去，是非能必传者哉？果传业，不应掷弃，至是倘所谓鬼神是耶非耶！虽然，未可以耳目悬断也。千载而下，乌③知不有月鱼乎？人心具存，太虚无恙，然而无有乎？尔孰曰无有乎？尔或者之说，尚庶几焉。吾党宾而竣之可也。先生讳亦之，字学可，姓林氏，吾邑龙江人。自号网（山）山人，月鱼氏。生高宗丙辰，终孝宗乙巳，请而祠于县庠也。今上辛卯，后先生之生百有三年，承学从事郎新平海军节度推官林希逸仅序。

〔注释〕

　　①靳：吝惜，不肯给予。

　　②松楸：松树与楸树，墓地多植，后以"松楸"指代坟墓。

　　③乌：哪里。

〔作者简介〕

　　林希逸，绍熙四年（1193年）生于今福建福清，字肃翁，号竹溪，又号鬳斋。历翰林权直兼崇政殿说书，终直秘阁、知兴化军。理宗端平二年（1235年）进士。淳祐六年二月，"以国子录召试，当月除正字"。十一月（1246年）以正字除校书郎，七年五月兼庄文府教授，七月除枢密院编修官兼权工部郎官。景定四年正月，以司农少卿兼直舍人院兼礼部郎官兼国史院编修官、实录院检讨官兼崇政殿说书除秘书少监，兼直舍人院兼国史院编修官、实录院检讨官兼崇政殿说书。四月除太常少卿。此后闲居七年，度宗咸淳五年（1269年）九月至六年（1270年）春，连诏其入京掌辞翰，属辞不允，遂起行赴命。此后事迹不详，唯知官终中书舍人。

　　林希逸是艾轩学派第三代传人，师从陈藻，理学精湛，在老子、列子、庄子的研究方面，有十分卓越的贡献，集中体现在他的《老子鬳斋口义》《列子鬳斋口义》《庄子鬳斋口义》三部著作中，是宋代五大福清籍理学家之一。

福清县重建石塘祥符陂记

林希逸

　　陂之名何始乎？其在《夏书》已有所谓九泽既陂者，求之《水经》则自楚人期思而后天下不知其几，无非贤守令为民为之。然废兴不常，作其始者固难，而复其旧者尤不易。汝南鸿隙大陂也，翟子威废之。濯龙之梦黄鹄之谣皆怨者托其言以求复，卒至邓晨而后作，用力凡数年，其难可知矣，况今人乎？玉融石塘陂，昔县宰郎公简所作，碑亡矣。志有之水之源始于闽长邑南下五十余里，至邑之西湖迤行及篮尾，则由小桥而东注矣。滨江为堤直抵古放生湖，其汇始大。又行七八里，则湖之尾焉。溉田五千余亩，为邑上腴①。以其作于祥符也，以祥符名之。中尝湮圮，嘉泰甲子张侯大任实兴之。既而时敝时葺，至景定癸亥啮于洪流，始大坏。故邑东诸洋皆无所仰，雨至莫留，旱则立槁②，民甚病之。役大费伙，莫适为谋。戊辰贤令尹实来谂③于众而知之曰："邑虽贫，是乌可已？"作意复之。寓公大姓亦乐为之，相有草曰"荟湖"，昔所无，是岁忽生，售镪④六万，令捐以助役。堤之基非沉以巨舰不可，适有御人没舟者，令即给之。富者役者输财竭力，惟恐后。令又时出而谕劳之。孟秋始事，良月讫工，糜金钱六十万，工六千。中役两几败，后中秋三日洪发，前重阳八日海涨，诸堤岸多漂没，而此独存，人以为令尹一念所格，闻者皆加额焉。是堤也，南台庙东旧逼江移而改筑，以丈计之六十五，基尺三十，其上半之湖尾，为丈二十，基尺八十，高半之。其上损四之一，邑人始疑其难。既成，而喜来请记。余亦喜为之书曰：祥符古陂于邑之东，既废而久，湖与江通，昔壤之腴今废而洳。贤哉！令尹为民更作，堤成未半，潮怒溪滛，屹如有相神监其心，繁令之心惟民是福，天亦应之，嘉禾瑞粟我歌屡矣，况此役乎令尹之德与长江俱，波流泱泱⑤禾黍旆旆，昔谁之如贾渠召埭。令尹薛氏名某字某永嘉人，是岁实为咸淳四年十有一月林某记。

〔注释〕

①腴：肥沃。

②槁：干枯。

③谂：劝告。

④镪：古代指成串的钱。

⑤泱泱：原意为水面广阔，后用来形容气魄宏大。

福清县修学记

林希逸

咸淳己巳春二月，邑庠群士友以书来溪上曰：吾邑空乏甚，学敝久，今令尹初来，每攒眉①以语我，我固知其力未给，而皆敬其心。前岁之秋，府公以名法从强镇吾闽，悯诸邑之焦煎，宽其征而去其害，向之持急符而号呼于吏舍者痛绝之。于是为邑长者稍得安，意以慈其民。吾令尹又以清苦自持，以勤恪务善察民之病，随事而药之，空盗之巢，剔吏之蠹②。一念恳恳雨旸应之。岁事既登，嘉禾荐瑞，而井里之聚以饱以遨，乃得酬其初心，以用力于子衿③诵④之地。疏御人籍入之田援谯役秋据之请，诸生所叩随事条上，凡皆为吾邑士计也。且曰：不足则以俸继之。帅喜而俞令以自庆。于是饬材赋功练日轾使，正殿伦堂、防门经阁、若厨若库皆撤榱瓦新之。又作十先生四贤三文诸祠，而易其像室，阁之后辟为堂。尤伉好邻之侵地必复，虽强御不惮。工费大半出县家，又朝夕至而督视之。非葺也，更造也，其可隐而不书乎？余曰：今夫邑之难曰滩矣，曰镬矣。格令所限黾勉⑤而来视簿书，如仇计晷刻求脱甘其身之寂寞，苟求无愧于氓黎之人也。已度越流俗千百，而况恳恳切切于困窘愁蹙之中，勤约以及人，劳费以迪教，此其蕴积必有所自来者。前修轨则非谱可传，要之立其本者，正尔本之不立，乌知政所以先后哉？知所先后则近道矣。噫！成之难者事也，遇之难者时也。今上有贤府公，下有贤令尹，而吾邑之尝僚与吾士友又能公此心以相其役。余老矣，何幸亲见之。稍□考成必且秩乡饮之礼使余得尾诸贤以揖拜其间，将见教明而俗美，使百世之士无忘于斯时。若是则遗其岁月恶乎可。是役也，始某月迄某月，府帅洪公名某，字某，温陵人。令尹薛公名某，字某，永嘉人。邑人林某记。

〔注释〕

①攒眉：紧缩双眉。

②蠹：咬器物的虫子。这里比喻贪官污吏。

③子衿："青衿，青领也，学子之所服。"后称学子、生员为"子衿"。（《毛传》）

④诵：朗读、吟诵。

⑤黾勉：努力，勉力。

宋龙图阁学士赠银青光禄大夫
后村刘公行状

林希逸

曾祖炳，赠宣教郎。妣郑氏，赠孺人。游氏，恭人。祖夙，承议郎、著作佐郎，累赠中奉大夫。妣林氏，赠令人。父弥正朝议大夫、吏部侍郎，累赠少师。妣方氏，赠鲁国夫人。林氏，魏国夫人。

咸淳五年正月二十九日，龙图阁学士、正议大夫、莆田县开国伯、食邑九百户后村先生刘公，卒年八十三。前数夕有大星陨公寝室后，俄而公逝。莆之大夫士皆挥泪以相吊，有方敛而往枕尸以哭者，有既殡而往拊棺以哭者，莫不尽哀。又数日，则泉南之南闽北之北，吊唁往来交驰于道。又数月则四方交旧与凡得铭、得序、得防、得诗之友不远千里而来，力不能来亦以书至。盖不知其防皆曰：斯文无所宗主矣，吾侪无所质正矣，后进无所定价矣。茫茫宇宙人物何限，其能擅一世盛名自少至老，使言诗者宗焉，言文者宗焉，言四六者宗焉。虽前乎耆老，后乎秀杰之士，亦莫不退逊而推先，卒至见知于人主者，古今能防人哉？公虽得名得寿得禄，而爱公者犹以用公未尽为恨，是岂私相好耶吁？若公者可谓千载之士矣。

公讳克庄，字潜夫，世为莆田人。自大着正字峥嵘艾轩之门，声振干淳间，已蔚然为文章家矣。公生有异质，少小日诵万言，为文不属稿，援笔立就。初名灼以声律冠胄子入上庠场屋士至今诵之。嘉定己巳，郊恩奏补将仕郎，更今名初调靖安簿，帅曹争檄置幕下。洁斋袁公时以仓兼府尤以文字见知，俄丁少师忧终制注福州

70

右理曹改差真州录参，菊坡崔公帅维扬，因公白事，喜曰：吾于闽得二士，君与子华也。锐欲致公防李公珏建阃金陵，辟防江制司准遣，一时幕府诸贤自勉斋黄公而下，皆相敬爱。及谋进取公，有异议，主谋者忌之。公求南岳庙去荐员及格犹欠一考，八桂胡公槻以经司准遣，辟公辞地远魏国力勉之。八桂佳山水，胡与公倡酬，防成集岭外帅权重，不轻钱客，公入京进卷胡公饮别榕台，桂人以为前未有也。甲申改宣教郎，知建阳县。新考亭之祠祀朱、范、刘、魏四君子于学，庭无留讼，邑用有余。增籴赈粜仓二千斛，大书其门曰："聊为尔民留饭椀，岂无来者续心灯。"西山真公记之更创西斋，北山陈公篆其匾，为之赋于蔫之什。西山在朝以公学贯古今，文追骚雅，荐西山还里，公以师事，自此学问益新矣。

言官李知孝、梁成大笺公《落梅诗》，与朱三郑五之句激怒当国，防得遣安晚。郑公时在琐闼①，力为释辩以免。终更防旗，蔽路送者逾数十里。比闻公丧，犹有重趼来哭者。得倅潮阳赵至道犹以嘲咏谤讪弹之毒由梁李也。刑寺下所属究实公若不闻。邑丞虞德羔素昧，以士民公论上府漕，使陈公汶社之界以京削主管仙都观，俄通判吉州。端平改纪安晚当国。甲午春有防都堂审察西山帅闽以机幕辟除将作簿兼帅司参议官，公迎魏国之官，魏国自哭少师，不出户者二纪矣。西山知公吏材高府事一委之，平斋洪公迁西掖，奏公自代安晚。曰：中书眼高西山，以户书召公，援例求退，诏以匠簿供职。公奉魏公还里，逾月独入京。九月除宗正簿。西山喜曰：方是本色，公在麟寺南塘为卿，游二公间，以文字相好，欢甚。西山梦奠乞假防葬不许，乙未六月除枢密院编修官兼权侍右郎官，未防郑乔并相公轮对，言服天下莫若公，今失之私镇天下莫若重今失之轻。陛下因私天位遂德柄臣，因德柄臣遂失君道，非公也。因私天位遂疏同气，因疏同气遂失家道，非公也。大臣忧谗畏讥，而有狼防之嗟，厌事避权而动鱼羹之兴，非轻欤？或以匹夫横议而改政，或以走卒偶语而易令，非轻欤？次篇言柄臣坏朝纲开边衅，兵骄楮贱贪饕侥幸之俗不可回，诸贤起而当之，天人未应，陛下遂疑君子而思小人。曾肇有言上意渐变，臣思此语可为寒心，愿陛下坚凝初意，无使邪说摇正论，则天下幸甚。贴黄痛言苕川之事出于迫胁，向止议其罪不原其情，近虽复其爵未雪其冤，皆时所难言也。公于上前奏读玉音所问随事敷陈。或言陛下向待柄臣太重，今待大臣太轻。或言更化之初，奄嬖②屏息。近因军卒小警此曹颇得进言，陛下若听用之，天下事去矣。或言陛下圣心待济王，本不如此，只是台谏给舍一等小人遂有后面一段施行，当治其罪以涤此谤。继绝一事他日国本既定，决不容已。或言向者权柄下移，陛下欲除一吏不可。今从官宰相皆自圣擢。又言向者近臣惟真德秀、魏了翁，小臣惟蒋重珍、陈埙敢与故相异论。今人人得攻大臣议朝此更化美事，又言弓旌所招近稍稍引去。蒋重珍既去，洪咨防又引疾，如此则诸贤渐去，别一副当人来矣。上曰："无人任事。"公言："今日如人久病，沉痼已深，用君子如服参苓，虽无近效，犹有生全之理。用小人如服乌喙，一剂丧生矣。"殿上下之人皆谓公小官初对，音吐琅琅，从容如许，廊庙器也。疏出，鹤山魏公、果山游公、实斋王公、南塘平斋时皆在朝，击节不已。实斋因奏疏有曰：兼旬之间，嘉谋迭进，有益圣学，盖为公与杜立斋王矅轩发也。狂酋入冦，朝议以元枢曾公建督曾辟竹湖，李公与公参议不果行，丙申左府语泄有锡第表郎之传鹤林舍人疑其遏己，遂以吴昌裔疏罢。御史舍人弟也，主管玉局观，寻除漳州毅斋。郑公言于朝，谓去非其罪，丁酉改知袁州，有防趣行公在郡，一以崇风化肃纪纲，访故家礼名贤为先，务因宽得众郡以最闻。殿中蒋御史公，同舍郎也。因火灾倡邪说为学舍所诋，知铁庵方公前在谏垣，言济邸事太切，天意不怡，遂以公与铁庵矅轩同疏，皆尝言故王者三公居同里，既归相与赋咏无虚日，自以同传为荣。俄主云台观，文清李相当国，擢公江西提举，改广东提举。公不以入岭为难，道潮惠谒昌黎祠，访坡公旧迹。庚子元日始至。以婴孺视岭民，以冰玉帅寮属。岁计羡而商征宽，民夷安之。八月升漕文清薨。史独相经理两淮，屯田敷耕牛于广右。公以事关边储，急为区画。既应令而民不知异。时表谢有曰：每于吏民相告语之间，具言朝廷不得已之意，指此以讽也，识者诵味之。留粤两年，更摄帅舶俸给例卷，皆却不受。买田二百亩以赡。仕于南而以丧归者，南人刻石纪之。辛丑令赴行在，奏事侍御史金渊谓公以清望自拟寝召，命主管崇禧观。癸卯元日除侍右郎官，又以濮斗南疏罢，仍旧崇禧。甲辰秋社与范同相除江东提刑，一意访求民瘼，泽物洗冤，劾广信贪守黥③南康黠胥，皆有奥援者，公论称快。十一月除将作监未防改直华文阁。因任范日忌公，托言岁旱民，饥艰于择代，沮其入也。

范去，防独当国，与参与抑斋，屡以公荐。丙申四月令赴行在，奏事时方祷雨。公虽治任而拯饥雪枉，备极焦劳，留至七月，乞谒告省亲，不许。道除太府少卿。八月望入修门，二十三日面对三劄，首言委任之失二。其一嵩之以借助灭残，今为战以厚币奉俸盎为和以清野蹙国为守土者非长，徒尚智术岂堪倚仗，若非天去其疾，他日必贻朝廷之忧。其二曰昔者不择其人，而任之太□。今也虽择其人，而不授以柄，但见调防使之勿言。宣谕使之奉诏又言谋谟之误二，其一曰大臣有翕受之量而无主宰之功，同列有不说之渐而无酝假之和。易一边阃淹久而后决遣一儒帅迫趣而始行，桑维翰一日易十节。郭子仪朝闻命夕就道，视今何如也？其二曰庙谟睽异邪党揶揄，殆防反戈以自攻不忧探穴之覆出，刘挚主调停而防覆族，曾韩争大柄而卒相京，追思可畏也。陛下虽有退小人之功而虚受思小人之谤，臣闻桓温嗤消王衍诸人自许豪杰而苻坚笑之，语及谢安则以为江左伟人，秦桧当言诸人但尝啖饭，观吾致太平而乌珠将死，乃以张浚尚存为忧，安之握兵初不如温，浚之挟权初不如

桧，而二国皆慢彼畏此。今陛下托国将求如温如桧者乎？抑求如安如浚者乎？次言善类之合，莫盛于本朝。言路之通，莫盛于本朝。祖宗以来甘其苦言，养其直气，有立行其说者，有久而思之者，有始忤而终合者，有自常调而处以清要者。今陛下上法祖宗，待群臣至厚，记忆所及，收采不遗。恐其间尚有迹远而孤、位卑而滞者，其人昔尚盛年，今已暮景，愿收之于霜降水涸之余，使善类常合，言路常通。其意盖以言故王者收召未尽也。读至迹远位卑处，上问为谁，公曰：从臣如王遂、徐清叟、方大琮，庶僚如汤巾、潘牥，不幸已殁。存者如黄自然、王迈，自然近已向用，余人皆年事已高，愿陛下收录之。三言江东使事，以恤贫民处流民为最急。贴黄以亲老求归养，玉音曰：朕知卿文名，有史学即盼锡第之命，仍任责修纂。公退，见果山，坐未定，宸翰已至：刘某文名久著，史学尤精，可特赐同进士出身，除秘书少监，令与尤熺同任史事，庶累朝钜典早获成书。次日兼国史院编修官、实录院检讨官。又三日御笔兼崇政殿说书。公四辞，锡第再辞史事晚讲，皆不许。十月朔转对言：今日之深忧莫如国本，未建援引甚详，且曰：臣谓此事在唐宣宗后唐明宗孝宗于禁中也，皆择于未入之前，定于既入之后，异其封爵别其名称，自幼至长自侄为子不待建储而人望已有所系矣，若朝取一人焉，暮取一人焉，一出焉一入焉，举棋之势未定，当璧之冀浸广，非所以重宗庙尊本统也。于是有自内学退归者，故公及之孟祀御笔时暂兼中书舍人，同院庸斋赵公时行下三房，公以赵已除法，从乞以上房易之，奏上，不许。三学友朋喜曰："此真舍人也。"时史相未终丧以草上疏乞挂冠，上批服阙，除职予祠台谏，从藁交章诋之，皆不付出。十二月初，旮御笔嵩之，今已从吉守本官职致仕，公奏曰：嵩之有无父之罪四，无君之罪七。旧相致仕合有诰词，今臣行嵩之之词，未知为褒为贬。若从其自乞，则合用杜衍、欧阳修之例，何以示天下后世？若为贬辞则不坐下罪名秉

笔何所按据？此綮崇礼所以必请高宗御笔，然后草奏桧罢制也。上令丞相宣谕可作自陈行词付下，御前所录嵩之奏状令体此降制公。又奏：御笔有守本官职之文，未知所守何职？本官见封永国公，合以本官见封阶官带永国公致仕。十四日御笔史嵩之除观文殿大学士致仕，公又奏："昨日进讲侧聆玉音，已降除职指挥。臣清旦待班东华门，未知所除何职讲退方闻，臣窃见高宗朝前左相沈该落大观文致仕，孝宗朝左相叶颙以雷变罢，不除职只守本官奉祠。左相叶衡、魏杞去位皆终身资政。今嵩之忠孝有亏，所除职名乃与元勋重德无异，窃闻外廷之论皆咎臣不合奏审公议，实可畏也，乞详臣。"元奏寝④罢，嵩之职名只守永国公致仕容臣行词。十六日中使宣谕史嵩之除职致仕，卿已遵承，又复入奏，可依已降批谕行词。公又奏：词臣命词须合典故，嵩之若以阶官永国公致仕，则职在掖垣。今除大观文则合宣锁降制，此乃学士院职事。窃见绍兴二十五年秦熺特授少师、观文殿大学士、嘉国公致仕。正与嵩之一同系学士院降麻，臣若侵官内制岂不贻笑天下？是日王伦复宣谕：嵩之除职，既系学士院降麻，卿可一面书行。公奏云："连日亵渎圣聪，未敢重陈。容臣于经筵审取圣防。"十七日与给事赵无惰、舍人赵庸斋同上缴奏，十八日上又命谢渎山谕防，公遂丐祠不允。二十二日御笔嵩之依所乞守金紫光禄大夫、永国公致仕。除职指挥更不施行。防相柬公云：诸贤尽力回天，圣主舍己从人，书之简册有光多矣，便可书行，命词公为此制。有曰：我闻在昔求忠臣于孝子之门，人谓斯何？岂天下有无父之国？未上。二十四日殿中侍御史章琰疏罢，犹以奏审为罪。安晚时在湖滨冒雪祖饯，以邹道乡事相勉。公在省八十日草七十制，学士大夫争相传写，以为前无古人。丁未二月除直宝文阁，知漳州。时有仲氏工部之戚公以太夫人年高力辞，安晚再相，除直龙图阁、主明道宫。戊申元日除宗正少卿，公又苦辞。余时备数编修官袖公手书以白，五月依旧职，知漳州。公以戍期远方拜命，是月又除秘阁修撰、福建提刑，欲公便养也。公又辞，不允。九月朔，即家建台公方申，严使事、访疾苦、扶善良，以哀矜谳狱，以孤远拔士。甫及月丁魏国忧，哀慕毁瘠，三年如一日。庚戌十一月除秘书监。公以禫制未终辞。辛亥春有防趣行，四月到阙兼太常少卿、直学士院。对劄二首言：端平变局侔于元祐，今陛下登庸旧弼垂意至宁，而人谓端平之政改矣，端平之心亦改矣。次言朝廷之士议君上者，或以掖庭，或以戚畹，或以聚敛。议大臣者，或指除授，或指宾客，或指子弟。道路之传皆曰："君相厌之。"臣以为不然。惟圣主可以责善，惟贤相可以责备，其意甚忠，其辞甚婉，五义之谏，讽居其一。不知公者或以为讶。贴黄，乃以建储为请曰："臣于端平乙未以枢椽对，尝启其端。丙午孟冬以少蓬对，又尝言之。越三日孟祀即有贵州刺史之命。臣既去国，今五六年，节旄虽建，王爵虽疏，名号未正，圣意未白，愿陛下早图之。"上皆嘉纳。公退，见丞相乞召潘凯、吴遂二人，皆忤相国者，大咈⑤相意，语诸客曰："千辛万苦唤得来，又向那边去，然公本无心外庭之讶，相国之忤皆悮矣。"五月兼崇政殿说书，六月兼史馆同修撰。时事多内出，公言祖宗盛时内降绝少，间有一二，有论列者，有缴驳者，有执奏者，诲纯仁宁谪而不以濮议为是必大，茂良宁去而不与两知阁并立，衍宁罢而不肯求容权贵之门。今中外除授间有不由大臣启拟者，求者予者奉行者习以为常，但日依应。臣窃为陛下君臣惜之。又言衍之所以能却内降者当公仅三数月而已。盖小臣能以去就为轻，虽大事可论大臣能以去就为轻，则内降可执，横恩可寝。其语颇讽当国，于是愈落落矣。公已决意赋归，而上眷甚隆，相亦勉谕。凡六上祠请，再乞挂冠，皆不许公。亦以礼官逼禋祀未敢数渎，十月除起居舍人，闰月兼侍讲。公虽迁延数月，未能决去。而前后进言愈切，史宇之除工侍公不草答，诏曰：宇之一未更事，少年使之从上雍非吁俊尊上帝之谊，臣前摄词垣未行。嵩之之词不乐臣者已横加诬蔑，今若秉笔褒宇之之美，人谓臣何？京尹规谋小利，京民苦之，公言昔之理财者摧抑富商之盗利权者逐什一，养口体者不问也。削弱豪家之侵细民者，营升斗育妻子者不问也。漠算缗钱下逮末作，唐为宫市白夺樵夫，今何异此？时江浙名藩多付戚畹⑥，公言：择守不过两涂，一曰才望，二曰资格。今稚齿登鹓序弱冠佩虎符，昔人以四十专城为荣，今不待四十矣。凡向者近省均佚名流补外之地，今皆以处若人百姓何赖焉？山相经营复出事有萌芽，公直前奏曰：陛下囊语，群臣以为某人决不复用，今都人竞传曰，落致仕矣，建督府矣。又曰，某人尝以御椠示人矣，又曰，陛下戒其勿修怨矣。臣知陛下万无此事，设或有之，此误不小。向使畴昔在朝终始不废，偬月之祸不过及士大夫。今以埒国之富，震主之威，缪为恭顺，阴怀怨毒，外岂可付以寸铁，内岂可假以寸权？秦桧再相，未尝不牢笼李光、胡寅，久则当世名臣举族贬窜，阁门废锢，上而至尊亦有靴中匕首之防。此陛下商鉴也。敌主新亡，或传北运以衰荆狃一胜，蜀谋再举。公言赵范欲图唐邓，唐邓不可得。而枣阳先失安随郢复均房皆为丘墟。赵彦呐欲图秦巩，秦巩不可得。而剑阙不守，五十四州遂成荡覆。岂非外重而不能御，内虚而无以守？臣谓江陵固然后可以援襄樊，重庆实然后可以图汉中，范与彦呐前事可镜也。言虽峻切，上独优容。察官郑发若不相乐。是月十九日疏入，公方进讲。玉音曰："卿与郑发无他否？"既退，疏下，御笔除职，予郡道闻安晚薨，旅哭甚哀。曰："吾不忘知己之旧谢吴并相。"壬子正月除右文殿修撰，知建宁府，二月兼福建运副。郑愤前疏不行，再论褫职寝，新命，六月依旧职提举明道宫。

公优游里闬⑦，作为新居揭，宸翰所赐樗庵后村二，匾曰："与宾"，客觞咏其间。曰："吾得此足矣。"宝祐丙辰矩堂董相欲以冶使处公，丁大全沮于上，前曰："刘某恃才傲物，遂有正言，邵泽之疏实丁意也。"仍奉明道祠。景定庚申师相魏公还朝，公方奏疏引年除起居郎，再辞不许。九月兼权中书舍人，公犹在道。十一月朔面对首劄言："防相弄权以富强自诡，辅圣君而行霸政，为天下宰而设骗局。"人曰："相非相，驵也。政事堂非政事堂，龙断也。"传者叹其形容之工。末言国以危惧存以供乐亡，其警告者甚切，曰："陛下必持胜必虑危，已窜者毋至量移，已斥者毋复亲近。大臣必弼违必格非。士大夫毋以清谈废务，毋以浮文妨要人。"以为药石之言。次言贪吏可惩，奚问名胜赃罪狼藉。而曰："为贤者讳，春秋书法八议旧典，恐不如是其意有所指也。"闻者是之。读毕以老防收召谢。玉音曰："知卿爱君忧国至老不衰，所以欲得相见。"除擢兵部侍郎兼中书舍人，兼直学士院。立螭才三日尔，十二月兼史馆同修撰。初，上过东宫见公书肆所传文集，喜之，未除兵侍前一日中使传宣谕曰："卿居闲日久，著述必多，可录本进呈。"公辞以容臣缮写。俄有防再索，公辞以史事猥冗⑧未及防对。越数日，以古赋、古律诗、记叙题防诗话共二十六卷奏进，皆辛亥以后所作也。翌日，中使以宸翰御制赐公曰："卿风姿沉邃、天韵崇竑⑨，今观所进近作，赋典丽而诗清新，记腴赡而序简古，片言只字据经按史，谓非有禆于缉熙顾问可乎？先儒有言，学富醇儒雅辞华哲匠能，非卿不足以语此。"真儒臣希阔之遇也。辛酉正月，将降科举，诏公以非科第辞同院进稿不称，防命庙堂改属曰："非刘某不可。"三月兼侍讲，四月以病辞，西掖诏从之。俄除兵部侍郎，八月再兼中书。是岁乞引年者再。九月厉文翁除防江制阃，公不待黄至，与给事徐公缴奏，酉时黄至又奏。是夕一更，御笔至，逼趣书行，公又缴奏，其言甚苦，命遂寝。壬戌三月除权工部尚书升兼侍读。李桂除察公力排之。桂已入台，次日疏出，全台待罪。朝绅皆谓与艾轩畴昔缴谢某同。今上在东宫，亦语宫端徐公曰："刘中书此举甚高，公虽身兼两制，词命填委，寒暑无间，坐至四皷而一念之忠言无不尽。故淫雨有疏，大水有疏，和籴之害有疏，拯饥有疏，犹有五管见焉。"其言剀切⑩允当。帝心至如，大全既死则曰：李石责北司有言，李训固可罪，因何人以进乞斥其内。诇奥主者指当时贵珰也。涟海归顺，边患浸纾，公言：禁中排当太密湖山丹臒浸盛愿毋忘。透渡时江桂二闺密图起废，公言："史以怯懦⑪邀功，李以闭城纵寇，罚未当罪其可牵复乎？"或言：簿录奸赃之财，圩田御庄之入，合以助籴本补和籴，此陆贽散小储成大储，捐小宝固大宝之说。或言：右选敕牒冗滥，补授多稽考难。战士捐躯得赏，而补授帖牒死归他人，蠹国无端，何以示劝？每奏多则万言，少亦数千，人皆美公之忠纯而服公之整暇。八月再乞纳禄，御批曰："览卿来奏，求退甚勇。词垣经幄方资文儒，输情甚真难夺雅志。"特除宝章阁学士知建宁权文昌，得真学士异恩也。御赐玉柄宝箧，宸制五言书其上，以金缬香茶侑之竹湖以后未有也。师相亦赋诗赠行，从橐饮别。道山堂分赋御制诗韵时人比之二疏。

公既还里，优游觞咏。甲子秋以目谢事，除焕章阁学士守本官致仕。其年先帝弃群臣，公哭临哀恸。丁卯右目亦苦赤障，遗身自乐，处之裕如也。四年五月，今上念先朝遗老御笔刘某谢事，先朝年德俱高，特除龙图阁学士，仍旧致仕。人谓嗣圣将起公矣。公早受知忠肃贾公，辨章尤相亲敬。古公碧梧二揆皆公文字友，而天不憗遗国嗟殄瘁。呜呼，惜哉！

公娶玉融林氏，赠淑人。宝章国博之女，先公卒四十二年。子三人：强甫朝奉郎，三省架阁添差福州通判。明甫奉议郎，邵武军通判。山甫承奉郎，监岭口盐仓。女一人，适正献福公之孙，故通直郎惠安知县陈琰。孙男八人：沂登仕郎，涣、洙将以京选二泽分奏，澈履□锦绚尚幼。孙女五人：已嫁者承奉郎监岭口盐仓，方广翁修职郎，浦城主簿方公权，余未笄。是年十二月十九日，诸孤奉公之枢葬城北徐潭之原。公负间世之才，问学所积源流三世公，探索涵泳又深造而自得之，无书不读发以诗文，持论尚气节下笔关伦教，一篇一咏脱稿争传，初年即见知于诸老。温陵竹隐传公知晦翁谥议乃公所笔，寄声愿纳交趣召道莆造公之庐，览公近作，曰："亹亹⑫逼人。"屡以疏荐。洁斋在豫章得公代郡家贺正表，喜曰："酷似李云龛。"勉公加意。南塘为西宗，得公诸作于北山，甚奇之。或问："北山潜夫诸作如何？"北山曰："不患不好，只患忒好。"公归，自桂林迂道见南塘于三山，读公《南岳稿》，称赏不已，自此遂为文字交。水心评公诗曰："当是建大将旗鼓者。"西山知公尤至，端平初，贻书庙堂曰："当今词人惟赵某、刘某谓南塘也。"乙未梦奠于京门人，诸贤俱在，独以遗表属公。果山得公杂咏二百首，手之不置，曰："一章虽十字，皆史断也。"辨章师相尤奇公之文，每得公所作，必令吏录之。自西山诸老既没，独岿然为大宗工。四方大纪述皆归后村氏，铭叙先世勋德以不得公文为耻。公尝笑曰："吾卖文以资老者也。"公见地既高，而学有定力，穷达得丧是非毁誉寄之歌咏，一付嬉笑。梅花数联以诗得谤也，而畧不以为悔。巴陵一疏以言获谴也，而不自以为高。前后四立朝共不盈五考。非无蚍蜉之撼，含沙之射，而未尝恨其人。既有邱明子夏之疾，黑白如故。往来交际饮笑自如。每曰：某亲某友年皆后我，木已拱矣。老我于今皆剩底岁月，自营窀⑬室乃徐先辈故居结庐其间，佳客过从时与同宿，有以青囊术见者，岂无异议，但笑以视之，非达乎？

公吏事素长，自领邑建阳，最声已着，为庵为节，剖决如神。处事件件有方畧，在番司枭狱案千纸一览，尽得其要。而行之以恕。息庵汤公尝语："余甚叹服之。"安晚亦曰："潜夫真材吏，为文名所胜，故人不尽知之，虽中间与晚少忤，而追思痛悼时见吟篇。"暮年状其行事防万余言，每语人曰："安晚实知我。"公尝以成集属余序之，诸作皆高，律诗尤精绝，李唐诸子所不及。至于骈语，虽祖半山曲阜，而隐显融化键奥沉表制之外，诸启尤妙，自成一家，他人或相仿效，神气索⑭矣。甲子以来又为浑深简到之语，尝语余曰：吾四六又一变。公有前后续，新四集已行于世，其在新集者半出于目之后，口诵成篇，子侄笔受镕煅⑮，诸书字字严密，无一篇不可垂训，非徒诗也。其于当世交游先后辈，皆名流杰士，姓字班班见集中不可悉数。余屡摈于是。去公所居差近，每一篇成即以见寄，时有商防以余为知言。疾革既默，诸子问以遗奏属仆如何，公瞠目颔之。奏上，君相嗟惜。赠银青光禄大夫，与致仕遗表恩泽将谋请谥。诸孤俾余状其事，欲上之太史，碑铭墓表则属之东涧汤公阳岩洪公择斋徐公，皆平生密友，亦遗命也。谨状。

南
宋

〔注释〕

①琐闼：古代刻有连环图案的宫门。

②奄嬖：奄同"阉"，为古代太监。嬖，意为受宠爱。奄嬖指被宠幸的宦官。

③黥：在脸上刺上记号或文字并涂上墨，古代用作刑罚。

④寝：停止，平息。

⑤咈：违背。

⑥戚畹：犹戚里，亲戚邻里或帝王外戚聚居的地方。

⑦里闬：闬，里巷的门，后以里闬借代家乡。

⑧猥冗：杂，繁多。

⑨崇竑：崇即高，竑即深。崇竑意为高深。

⑩恺切：跟事理完全相合。

⑪怯懦：畏惧，懦弱。

⑫亹亹：形容勤勉。

⑬窆：墓穴。

⑭索：没有意味。

⑮镕煅：镕同"熔"。镕煅意为熔化煅造，比喻对文章或艺术作品进行刻苦钻研，反复琢磨，使之精炼、纯熟。

网山先生文集序

刘克庄

学必有师，师必有传人。扬雄之徒以侯芭①为传人，授业河汾②之门者众矣。以董常为传人，侯、董皆穷乡匹士，功业不著于世，而师道之传在焉。隆、乾间南方学者皆师艾轩先生，席下生常数百人，去而贵贤者相望。然自先生在时，言高弟必曰网山。后先生卒，六十载学者论次先生嫡传，亦必曰网山。夫未遇一布衣，死则死矣，而能亢其名，与当世大儒并行，非孟氏所谓豪杰之士乎？余尝评艾轩文，高处逼《檀弓》③《谷梁》④，平处犹与韩并驱，它人极力摹拟，不见其峻洁而古奥者，惟见其寂寥而稀短者。纵使逼真，或可乱真，犹虎贲⑤之似蔡邕也，优孟之似孙叔也，有若之似夫子形也。至于网山论著，句句字字足以明周公之意，得少林之髓也。其律诗高妙者，绝类唐人，疑老师当避其锋，它文称是。然甫五十而死。子名简子，字绮伯，客死，其后遂绝。余童子时师事绮伯，又与网山之嫡孙行林侯肃翁交友，肃翁既序其遗文矣，克庄复识其后。网山林氏，名亦之，字学可，福清人，一号月鱼先生。前史官刘克庄序。

〔注释〕

①侯芭：西汉巨鹿人，西汉著名文学家、哲学家扬雄的弟子。

②河汾：河汾是黄河和汾水的并称，亦指山西省西南部地区。隋代王通设教河、汾之间，受业者达一千多人，后以"河汾"指称王通及其学术流派。

③檀弓：《檀弓》是《礼记》中的一篇。《礼记》是儒家经典著作。

④谷梁：即《谷梁传》，是《谷梁春秋》《春秋谷梁传》的简称，为儒家经典著作之一。它是研究儒家思想从战国时期到汉朝演变的重要文献。

⑤虎贲：勇猛的武士。

〔作者简介〕

刘克庄（1187—1269年），南宋诗人、词人、诗论家。字潜夫，号后村。福建莆田人。宋末文坛领袖，辛派词人的重要代表，词风豪迈慷慨。在江湖诗人中年寿最长，官位最高，成就也最大。晚年致力于辞赋创作，提出了许多革新理论。初名灼，师事真德秀。宁宗嘉定二年（1209年）补将仕郎，调靖安簿，始更今名。江淮制置使李珏任为沿江制司准遣，随即知建阳县。因咏《落梅》诗得罪朝廷，闲废十年。后通判潮州，改吉州。理宗端平二年（1235年）授枢密院编修官。后出知漳州，改袁州。淳祐三年（1243年）授右侍郎官，再次被免。六年（1246年），理宗以其"文名久著，史学尤精"，赐同进士出身，秘书少监，兼国史院编修、实录院检讨官。景定三年（1262年）授权工部尚书，升兼侍读。五年（1264年）因眼疾离职。度宗咸淳四年（1268年）特授龙图阁学士。第二年去世，谥文定。他晚年趋奉贾似道，谀词谄语，连章累牍，为人所讥。但他也曾仗义执言，抨击时弊，弹劾权臣。胡适先生在其所著的《白话文学史》说过，刘"有悲壮的感情，高尚的见解，伟大的才气"。林希逸《后村先生刘公行状》说当时人"言诗者宗焉，言文者宗焉，言四六者宗焉"，在南宋后期号称一代文宗。福清石塘（今瑞亭村）世家林瓒之女林节年十九嫁刘克庄。

南宋

宣教郎林君墓志铭

刘克庄

石塘林氏家世，余前后叙述之详矣。君讳公永①，字养平，焕章公之长子，母夏宜人。少尤工场屋之文，然志在事外，未三十已罢举。余来石塘，猝见君手抄所论著，属辞辨丽，於经传子史各有记纂，心惜其才，数扳君出世，君泊然不应。焕章牧容管，玺赦，命君持表入贺，君逊与仲弟公奕，余然后知君天性冲退②，非矫励然也③。盖五十年间，余出而仕，仕而归，必道君里，访问亲朋，或前晦后裕，或昔显今婆，惟君隐约清贫如故。昔人以久幽不改为贤，君近之矣。匾所居室曰"然轩"，合户下帷，罕识其面。子式之将宰将乐④，安舆来迎，黾勉就养，深居一室，县僚欲展升堂之拜，力辞而止⑤，其谨如此。式之满归，君喜曰："吾不复出矣。"后式之通守括苍，固请侍行，君曰："吾语汝云何？"式之遂不敢强。君萧散简远而於慈爱最隆⑥，焕章公寿过伏生乃卒⑦，君亦耳顺，执丧毁瘠，哀动邻里⑧。其处姻族，敬长而拊幼⑨，家庭之论，月旦之评，翕然宗之。景定辛酉，年七十九矣⑩，孙甸老早慧而夭，君哭之恸，痰作遂笃。将卒，犹问⑪："今日金紫公忌，祀事已具否？"语终而逝，八月初十也。娶卓氏⑫，故甫守骏之孙女，以贤淑称，先君三十一年卒⑬，君葬之於善福里上周山之原。二子奉君合祔，十月十三日也。君一生栖遁，晚以子升朝封承事郎，告下，君曰⑭："君命也。"一裹章服拜受，即庋⑮之高阁。寻以建储及禋沛转宣教郎，而卓氏赠孺人。子二人：式之，通直郎、通判潮州军州事，在廉吏之目；文之，有才子之名。孙男四人：畴老、渭老、甸老、䇶老⑯。孙女四人，长适迪功郎、徽州州学教授

84

陈立翁，次适从事郎、潮州军事推官刘同祖，次适迪功郎、新漳浦主簿俞震之，其次尚幼。《传》曰："木水之有本源"，朱子赞荀、陈二家，亦曰："原深木固，莫出匪贤"，此论殆为君家世发也。铭曰：

昔有何氏，盛於典午，充也骠骑，幼道第五。

千载之后，伏诵斯语，君亦第五，幼道之伦。

伯犹褐衣，仲已朱轮。不于其身，於其后人。

〔注释〕

①永：原作"水"，据清抄本改。

②句首原有"然"字，据清抄本删。

③然：原无，据清抄本补。

④将乐："将"字原缺，据清抄本补。

⑤止：原作"至"，据清抄本改。

⑥"慈"原作"普"，"隆"原作"降"，据清抄本改。

⑦焕：原作"涣"，据清抄本改。

⑧动：原作"恸"，据清抄本改。

⑨幼：原作"物"，据清抄本改。

⑩矣：原无，据清抄本补。

⑪犹：原作"伏"，据清抄本改。

⑫句首原有"原"字，据清抄本删。

⑬辛：原缺，据清抄本补。

⑭君曰：原无，据清抄本补。

⑮庋：原作"未"，据清抄本改。

⑯蟹：原作"营"，据清抄本改。

林沅州墓志铭

刘克庄

公讳埏，字仲成。其先固始人，八世祖著作平迁福清①。曾祖
讳伯材，三举进士不第。祖讳格，特奏名，为建州司理参军，赠通
议大夫。父讳遹，元符进士第四人，事高宗皇帝，再为中书舍人，
终龙图阁直学士，赠少师。母硕人范氏，赠齐国夫人；所生母刘
氏，赠恭人。公以父遗恩授承务郎②，监绍兴府税、漳浦县丞。亲
年高，求监南岳庙。历福建路提举司干办公事，待江南西路转运
司主管文字阙。丁刘恭人忧。知潮阳县，除提领户部犒赏所，知
沅州。秩满乞闲，主管云台观，改冲佑观，积阶奉直大夫，爵开
国男。菱元丙辰八月十日卒，年六十九，葬县境大湖山之原。累赠
正奉大夫③。公蚤失父、母、兄，刻苦自励，事所生母尽孝④，抚
教孤姪，恩谊至笃。为小官，数守职争是非，不肯屈理以徇势。潮
阳时有旨造战舰⑤，州不出一钱，符县白科。公为书条其不便，守
怒，呵责愈峻。公藏州符不行，束担欲去，会诏寝其事。潮州常赋
外有成丁、船头盐钱⑥，民困苛取，公以樽节赢财代百姓两年丁盐
之轮。酒所时，长官欲以利县，公奋然曰：诸库方告匮，乃以酒本
钱为羡余，是不为明日计乎？遂不果献。尝议欲以诸库分隶诸郡而
罢提领一司，后因陛对复言之。沅逼蛮徭，公之治以恩信为主，而
守备亦不废，民夷晏然。诸台上其治行，公力求祠归，不复出矣。
公清谨严恪⑦，外和内刚，居家莅官，皆可师法，人莫敢干以私，
终其身未尝有求於人。自中年即倦仕进，及三子中第，喜曰："可
以遂吾志矣。"盖食云台、冲佑之禄凡八年，故人有气力者欲相
推引，竟莫能致⑧。病革，犹整襟危坐，语家人曰："吾平生无它

憾，独挂冠不蚤尔。"其止足无羡，坚凝有守，亦得之天性，非强勉然也。配宜人卓氏，孝慈勤俭，合阃肃和，诲子尤严。先公三年卒，赠硕人。子男四人：璟，终从事郎、知靖安县；环，今为朝奉郎、主管鸿禧观；璩，朝奉大夫、主管崇禧观，同登甲辰第；琮，终通直郎、知海丰县。女三人，长适朝奉郎、通判临江军郑元清，次适进士陈自立，次适宣教郎、知光泽县潘梅。孙男九人：公庆，文林郎、新监镇江府大军仓门；公永；公奕，迪功郎、将乐县主簿⑨；公遇、公衮、公选、公益、公凯、公泰。孙女二人，长适文林郎刘克庄，次适进士郑元善。曾孙男女十三人。初，中书公为南渡名臣，登侍从，帅方面，贵显矣。及卒，田庐萧然，几不足自存。公以孤童奋发，门户债而复起，衣冠日盛，遂为大族，然恬靖廉约之风累世不变。所居县之石塘言家法者皆宗石塘林氏云。公殁二十有八年，嘉定癸未，克庄始志其墓而为铭曰：

仕以蚤退为贤，家以仅足为丰。以此诒后，以此治功，庶几於疏仲翁、邴曼容之风乎！

大湖之阡，谡谡万松。夸夫过之，必有怍容。丘夷谷堙，斯铭无穷。

南宋

〔注释〕

①著：原作"口"，据四库本改。

②授：原作"受"，据四库本改。

③正：原作"进"，据四库本改。

④孝：原作"教"，据四库本改。

⑤旨：原作"肯"，据四库本改。

⑥有：原在"常"字下，据四库本改。

⑦清：原作"请"，据四库本改。

⑧竟：原作"境"，据四库本改。

⑨自"迪功"以下原脱，而误将《林程乡墓志铭》之后半接于此，兹据四库本补正。

瞿庵敖先生墓志铭

刘克庄

敖先生讳陶孙，字器之，福州福清县人。曾祖某，祖某。父某，赠承事郎；母陈氏，孺人。少贫，以学自奋。尝游于潮，潮人争执弟子礼。淳熙庚子乡荐第一，律赋传海内为式。下第客吴中，吴士从者云集，巨家名族率虚讲席竞迎致。已而入太学，中庆元己未主通州海门县簿，教授漳州，辟酒所干官，改广东转连司主管文学。用荐者改秩，金书平海军节度判官厅公事，兼南外宗正簿。上登极，转奉议郎，赐绯鱼袋，主管华州西岳庙，台疏镌一秩。宝庆三年十一月丁亥卒，年七十四。

先生内负摩云冲斗之气，而外自蟠屈^①，寖^②趋平夷，然长身庞眉^③，轩昂惊俗。与人交际，机疏语简，知者以为质，不知者以为亢，惟漳牧赵公汝谲、番禺帅杨公长孺尤敬爱。赵诗律高，无对垒者，独先生与倡酬；杨性峻，或面僇^④僚吏，见先生必改容。始不乐往温陵，州檄迫之行，竟谒告去。常平便者雅闻先生名，行部至州，怪先生已归，因上言："敖某可予祠矣。"先生起寒苦，涉忧患，明练世务，历官多可书，而谈者但目以名儒。自有载籍以来悉记览，乱签丛帙，披研钞纂，奇字奥义，穿抉呈露。诸文皆有气骨，可行世传远，而天下独诵其诗。

初，朱文公在经筵，以耆艾难立讲，除外祠。先生送篇有曰："当年灵寿杖，止合扶孔光。"赵丞相谪死，先生为《甲寅行》以哀之，语不涉权臣也。或为律诗托先生以行，京尹承望风旨，急逮捕，先生微服变姓名去。当是时也，先生少壮忠愤，鸣号于郡邑众大之区，几不免矣，卒幸免。既退既老，占毕于寂寞无人之滨，金璧易求，先生之只字半句难致，然先生诗名益重，托先生以行者益众，而《江湖集》出焉。会有诏毁集，先生卒不免。呜呼！前世以言语得罪者多矣，种豆观桃，往哲深戒。至本朝列圣好文怜才，骚人雅士往往以文墨受知，简齐、放翁诗尝验矣。先生之诗主乎忠孝不主乎刺讥，送朱朱哀赵之作，发于情性义理之正，顾藏藁不轻出，真诗未为先生之福，而赝⑤诗每为先生之祸，乌呼悲夫！

先生奉亲孝，拊弟有恩意。娶昆山沈氏，夫妇相见如宾，室无妾媵，躬执炊爨⑥，其清苦如此。晚稍有俸钱，即故山筑宅一区，买田百亩。有诗文若干篇，未诠次，沈夫人先三年卒，祔东皋先茔。子农师以绍定二年四月庚申奉先生合葬，书来速铭。先生早游学四方，所交类当世闻人。白首还乡，辈行将尽，名理几熄，深居罕出，客至从户内摇手谢绝之，新学晚生少见其面，至疑先生眉宇有异。独喜兴太学博士李群韶、监南岳庙林君公遇还往，若余者亦先生所素厚也。铭曰：议郎之秩，华山之庙，既啬于少，复夺之耄。卓哉瞿翁，畴昔自号。揭之碑颜，以配贞曜⑦。

〔注释〕

①蟠屈：同"盘曲"，曲折环绕之意。

②寖：逐渐。

③厖眉：花白的眉毛。

④傌："骂"的异体字。

⑤赝：伪造的。

⑥爨：烧火煮饭。

⑦贞曜：光焰，光华。

班史略于节义

王 懋

班史于节义事率多疏略，如纪信诳楚而烧杀，不为立传；周苛骂羽而烹死，因《周昌传》略载。此固失矣，然犹得其姓名，可以传于后世。郑当时其先郑君，尝事项籍，籍死属汉，高祖悉令诸籍臣名籍，郑君独不奉诏，于是尽拜名籍者为大夫而逐郑君，此事见于《郑当时传》首。朱建之子使匈奴，单于无礼，骂单于，遂死于匈奴中，此事见于《朱建传》尾。惜皆不得其名，所谓郑君之子，不知其何人也。当昭帝初立之时，殿中尝有怪，霍光召符玺郎求玺，郎不肯授光，光欲夺之，郎按剑曰："臣头可得，玺不可得也！"光甚谊之，明日，诏增此郎二秩。此非特不得其名，且不得其姓氏，又不知符玺郎果何人也。凡此等者，系风教之本，可以示劝激之义，故表而出之。考《唐世系》，郑君名荣。

〔作者简介〕

　　王懋（1151—1213年）字勉夫，家本福清，其先徙平江，遂为长洲人。生于宋高宗绍兴二十一年，卒于宁宗嘉定六年，年六十三岁。少孤，事母以孝闻。有志功名而不遂。及母殁，乃悉弃举业，杜门著述。榜所居曰分定斋，时人称为"讲书君"。尝以文谒范成大，一见，为之击节。著有《野客丛书》三十卷，《巢睫稿笔》五十卷。《野客丛书》为学术笔记，内容博洽。经史子集，无不涉及。以考辨典籍、杂记宋朝及历代轶事为主。《四库全书》称其"位置于《梦溪笔谈》《缃素杂记》《容斋随笔》之间无愧也"。这里收入的文章均出于《野客丛书》。

欧公讥荆公落英事

王楙

士有不遇，则托文见志，往往反物理以为言，以见造化之不可测也。屈原《离骚》曰："朝饮木兰之坠露兮，夕餐秋菊之落英。"原盖借此以自谕，谓木兰仰上而生，本无坠露而有坠露；秋菊就枝而殒，本无落英而有落英，物理之变则然。吾憔悴放浪于楚泽之间，固其宜也，异时贾谊过湘，作赋吊原，有莫邪为钝之语。张平子《思玄赋》有"珍萧艾于重笥兮，谓蕙芷之不香。"此意正与二公同，皆所以自伤也。古人托物之意，大率如此。本朝王荆公用残菊飘零事，盖祖此意。欧公以诗讥之，荆公闻之，以为欧九不学之过。后人谓欧公之误，而不知欧公意盖有在。欧公学博一世，《楚辞》之事，显然耳目之所接者，岂不知之？其所以为是言者，盖深讥荆公用落英事耳，以谓荆公得时行道，自三代以下未见其比，落英反理之谕似不应用，故曰："秋英不比春花落，为报诗人子细看。"盖欲荆公自观物理，而反之于正耳。

兰亭不入选

王楙

《遁斋闲览》云：季父虚中谓王右军《兰亭序》以"天朗气清"，自是秋景，以此不入选。余亦谓"丝竹弦"亦重复。仆谓不然，"丝竹弦"，本出《前汉·张禹传》；而"三春之季，天气肃清"，见蔡邕《终南山赋》；"熙春寒往，微雨新晴，六合清朗"，见潘安仁《闲居赋》；"仲春令月，时和气清"，见张平子《归田赋》。安可谓春间无天朗气清之时？右军此笔，盖直述一时真率之会趣耳。修禊之际，适值天宇澄霁，神高气爽之时，右军亦不可得而隐，非如今人缀缉文词，强为春间华丽之语以图美观。然则斯文之不入选，往往搜罗之不及，非固遗之也。仆后观吴曾《漫录》亦引《张禹传》为证，正与仆意合。但谓右军承《汉书》误，此说为谬耳，《汉书》之语岂误邪？

高帝弃二子

王　懋

　　前辈谓《晋史》诞妄甚多，最害名教者。如邓攸遭贼，欲全兄子，遂弃己子，其子追及，缚于道傍。如此则攸灭天性甚矣，恶得为贤？仆观高祖与项羽战于彭城，为羽大败，势甚急，跋鲁元公主、惠帝弃之，夏侯婴为收载行。高祖怒，欲斩婴者十余。借谓吾力不能存二子，不得已弃之可也，他人为收，岂不甚幸，何断断然欲斩之？其天性残忍如此。高祖岂特忍于二子，于父亦然。当项羽置太公于高俎之上，赫焰可畏，无地措身，而分羹之言，优游暇豫，出于其口，恬不之愧。幸而项羽听项伯之言而赦之，万一激其愤怒，果就鼎镬，高祖将何以处？后人见项羽不烹太公，遂以为高祖之神，不知亦幸耳。

古者男女相见无嫌

王楙

古者内外之防甚严，然男女间以故相见，亦不问其亲疏贵贱。田延年以废昌邑事告杨敞，敞惧不知所云。延年起更衣，敞夫人遽从东箱谓敞云云。延年更衣还，敞夫人与参语，曾不以为嫌。岂惟常人，虽至尊亦莫不然。周昌尝燕入奏事，高帝方拥戚姬，昌还走。高祖欲废太子，昌廷争甚切，吕后侧耳东箱听，见昌跪谢曰"微君，太子几废！"文帝在上林，所幸谨夫人与皇后并坐，盎前引而却之。

郅都侍景帝至上林，贾姬在厕，帝目都视之，都不肯行。且以一介之臣，前却帝姬之坐，几于僭矣。至帝姬处溷秽之地，使人臣亲往视之，无乃甚乎！揆之人情，似无是理，恐非溷厕之厕。《史记》谓如厕，未可据也。

张杜酷恶之报

王楙

张汤、杜周皆武帝时酷吏。观班史所载，大率无以相远，汤坐诛，周幸免，同恶异报。始甚疑之，及考《史记》，见褚先生言田仁刺举三河时，河南、河内太守杜周子弟皆下吏诛死，然后信祸福果不可逃。大抵善恶之报，不在其身，在其子孙。汤之祸不能逃诸身，周能逃诸身，不能逃诸子。祸福明验，安可不信？

今人勇于诛罚，虽足以快一时之意，而报应在于异日，无谓此理未必果然，观张杜二公亦可以少警矣。班固传杜周，但言两子夹河为郡守，治皆酷暴，而不言所终，非逸之也，无乃隐恶之意乎？仆考《唐·世系表》，杜周三子延寿、延考、延年，则知本传所谓二子夹河为郡守者，即延寿、延考。本传惟载少子延年，而不载前二子之名，因表而出之。

董仲舒决狱事

王 懋

董仲舒在家，朝廷如有大议，使使者及廷尉张汤就其家问之，其对皆有明法。及上疏条教，凡百二十三篇，而说《春秋》事得失，闻举、玉杯、繁露、清明、竹林□□□数十篇，十余万言，皆传于后世。其传文如此，而应劭所载，微有异同，曰：胶东相董仲舒，老病致仕。朝廷每有政议，数遣廷尉张汤，亲至陋巷，问其得失。于是作《春秋决狱》二百三十二事，动以经对言之。所谓《决狱》二百三十二事，世亦罕闻。仆观东晋咸和间贺乔妻于氏上表，引仲舒所断二事，姑著于此，以资博闻。于表曰：董仲舒命代纯儒，汉朝每有疑议，未尝不遣使者访问，以片言而折衷焉。时有疑狱，曰：甲无子，拾道旁儿乙，养为己子。及乙长，有罪杀人，以状语甲，甲藏匿乙，甲当何论？仲舒断曰：甲无子，振活养乙，虽非己出，《春秋》之义，父为子隐，子为父隐。甲宜匿乙。诏不当坐。又一事曰：

甲有子乙乞丙。乙后长大，而彼所成育，甲因酒色，谓乙"汝是吾子"。乙怒，杖甲二十。以乙本是其子，不胜其忿，告于县官。仲舒断之曰：甲生乙，不能长育，以乞丙，于义已绝矣。虽杖甲，不应坐。夫拾儿路旁，断以父子之律；加杖所生，附于不坐之条。其予夺不亦明乎？于言若此。

王章孔融儿女

王　懋

　　士君子不幸罹不测之祸，使儿女子悲痛亡聊，百世之下，闻者酸鼻。王章下狱，妻子皆收系。章小女年十二，夜起号哭，曰："平生狱上呼囚，数常至九。今八而止，我君素刚，先死者必君。"明日问之，章果狱死。孔融弃市时，七岁女、九岁男以幼得全，寄他舍。二子方弈棋，融被收，不动。左右曰："父执而不起，何也？"答曰："安有巢毁而卵不破乎？"主人有遗肉汁，男渴而饮之，女曰："今日之祸，岂得久活，何赖知肉味乎！"兄号泣而止。或言于曹操，欲尽杀之。及收，女谓兄曰："若死者有知，得见父母，岂非至愿！"乃延颈就戮，神色不变。自古儿女子为家门累者，不为不多，就此二事，尤其可伤者。夫七岁小女而勇决如是，虽圣门结缨赴难者，不是过也！此事甚异，不知何以致之，此正与李翱所著高妹妹事同。《世说》谓孔文举有二子，大者六岁，小者五岁，相去才一岁耳，而传谓十二男、七岁女，相去悬绝，不可深诘。

三公治狱阴德

王　懋

　　《于定国传》曰：东海有孝妇，养姑甚谨。姑死，姑女告吏"妇杀我母"。吏验治，孝妇诬服，郡决曹于公争之，弗得，乃抱其狱哭于府，因辞病去。郡中枯旱三年。于公尝曰："我治狱多阴德，未尝有冤。子孙必有兴者。"后子定国为丞相，定国子永为御史大夫。《前汉书》所载治狱阴骘，止见于公一事，不知当时又有二事。前书不载，见于后书。周嘉高祖父燕，宣帝时为郡决曹。太守欲枉杀人，燕谏，不听，遂杀囚而黜燕。因家称冤，诏覆考，燕死于狱。燕有五子，皆至刺史、太守。此事甚与于公同，皆为郡决曹，皆以狱事争于太守不听，是后皆显。又一事：何敞六世祖比干，武帝时为廷尉，与张汤同时。汤持刑深刻，而敞务在仁恕，数与汤争，虽不尽得，然所济以千数。注载《何氏家传》云：有老姥谓比干"公有阴德，天赐君策，以广公之子孙。"因出怀中符策九百九十枚以授比干，子孙佩印绶当如此数。比干有六男，代为名族。此一事亦为狱官，亦以狱事与同列相争，是后亦显。信知平反阴德为不浅矣！前书但云于公，不知其名，考其时正武、昭之世，而何比干与张汤同事，当时冤滥，有不待言，以宣帝综核之朝，而州郡之狱未免如是，可为太息。于公事因定国而著，周燕事因嘉而著。

汲黯逊周阳由

王　懋

　　《宁成传》末载：周阳由为郡守，汲黯、司马安俱在二千石列，未尝敢均茵。司马安不足言也，仆观汲长孺与大将军亢礼、长揖丞相、面责九卿，矫矫风力，不肯为人下，至为周阳由所抑，何哉？盖周阳由亡赖小人，其在二千石列，肆为骄暴，凌轹同事，若无人焉。汲盖远之，非畏之也。异时，河东太守胜屠公不堪其侵权，遂与之角，卒并就戮。玉石俱碎，可胜叹恨！士大夫不幸而与周阳由辈同官，逊而避之，不失为厚德，何苦与之较，而自取辱哉！观长孺、胜屠，盍亦知所处矣。

隽不疑刘德

王　懋

　　《隽不疑传》云：大将军光欲以女妻之，不疑固辞不肯当，久之病免。《刘德传》亦云：大将军欲以女妻之，德不敢取，畏盛满也，后免为庶人，屏居田间。霍光皆欲以女归二公，而二公不受。当炙手炎炎之际，乃能避远权势，甘心摈弃，非有高识，孰能及此！观范明友之祸，益信二公之见为不可及也。仆甚怪二公所见皆同如此，因而求之史。不惟所见同，而官位所为大率亦相似。不疑为青州刺史，后为京兆尹；德亦为青州刺史，后行京兆尹事，是后皆不显。其同如此。而二公之为京兆也，又皆多所平反，见于传文。刘、隽事同有如此异者。

杨兴妄作

王懋

　　前汉杨兴无传，见于他传者，班班可考。观其为人，倾险反覆，不安分守，姑摭出为小人妄作之戒。《匡衡传》曰：史高以外属领尚书事，萧望之为副。高与望之有隙，长安令杨兴说高曰："将军以亲戚辅政，贵重无二，然众庶论议令问休誉，不专在将军者，彼诚有所间也。富贵在身而列士不誉，是有狐白之裘而反衣之也。平原文学匡衡，材智有余，经学绝伦，但以无阶朝廷，故随牒远方。将军诚召置幕府，学士翕然归仁，以此显示众庶，名流于世。"高然其言，辟衡方为议曹吏，荐衡于上，为郎中，迁给事中。《刘向传》曰：恭、显疾周堪用事，而上内重堪，患众口浸润，无所取信。时长安令杨兴以材能幸，常称誉堪，上欲以为助，乃问兴曰："朝臣不可光禄勋，何邪？"兴谓上疑堪，因顺指曰："堪非独不可于朝廷，自州里亦不可。臣见众人，闻堪前与刘更生等谋毁骨肉，以为当诛。故臣前言堪不可诛者，为国恩也。"上曰："此何罪而诛？"兴曰："可赐爵，勿令与事，此最策之得也。"上于是疑之。《贾捐之传》曰：石显用事，捐之数短显，以故不得官。而长安令杨兴新以材能得幸，捐之欲得召见，谓兴曰："京兆尹缺，使我得见，言君兰，京兆尹可立得。"兴曰："县官尝言兴愈薛大夫，君房胜充宗远甚。"捐之复短石显。兴曰："显鼎贵，上信用之。今欲进，弟从我计，即得入矣。"捐之即与兴共为荐显，奏曰："窃见石显，本山东名族，有礼义之家，持正六年，未尝有过，宜赐爵关内侯，引其兄弟以为诸曹。"又荐兴曰："窃见长安令兴，事父母有曾子之孝，事师有颜、闵之材，荣名闻于四方。为长安令，吏民敬向，道路皆称其能。观其下笔属文则董仲舒，进谈则东方生，置之争臣则汲直，用之介胄则冠军侯，施之治民则赵广汉，抱公绝私则尹翁归，兴兼此六人而有之，守道坚固，执义不回，临大节而不可夺，国之良臣也。可试守京兆尹。"石显闻知，白之上，乃下兴、捐之狱。捐之弃市，兴髡钳为城旦。

夫兴以一令之微，而冒昧如此，略无忌惮。当是之时，不特兴也，如华阴守丞上封事，荐朱云可为御史大夫，是亦以郡丞而荐两府之重。当时小臣何不安分如此？盖值元帝威权不振之际，此曹敢肆其妄。观黄霸为丞相，荐史高可太尉，宣帝大怒，至使尚书责问，谓"侍中高，朕所自亲，君何越职而举？"免冠谢罪，数日乃决。且宰相荐贤，职也，宣帝尚且责其越职，况下僚乎？使此曹当宣帝之时，无所容其妄矣。

龚张对上无隐

王　懋

前汉尚有纯实气象，虽小人有时乎不敢自欺。龚遂入朝，王生曰："天子即问何以治渤海，君不可有所陈。宜曰：皆圣主之德，非小臣之力也。"遂至上前，如王生对。上曰："君安得长者之言而称之？"遂曰："臣非知此，乃议曹教臣也。"宽为廷尉汤作奏，即时得可。异时汤见，上曰："前奏非俗吏所及，谁为之者？"汤以宽对。不掠人之美以自耀，龚遂可也，汤或为之，则知当时人物犹为近古。

杨恽有外祖风

王懋

司马迁遭腐刑，后为中书令，尊宠任职。其故人任安予书，责以古人推贤进士之义，迁报书，情词幽深，委蛇逊避，使人读之，为之伤恻，可以想象其当时亡聊之况。盖抑郁之气，随笔发露，初非矫为故尔。厥后其甥杨恽以口语坐废，其友人孙会宗与书，戒以大臣废退、阖门皇惧之意，恽报书，委曲敷叙，其怏怏不平之气，宛然有外祖风致。盖其平日读外祖《太史公记》，故发于词旨，不期而然。虽人之笔力高下，本于其材，然师友渊源，未有不因渐染而成之者。梁江淹狱中一书，情词凄惋，亦放迁作，惜笔力不能及之。

以物性喻人

王懋

喻人作事有狐疑、犹豫等语，皆以物性言之。狐多疑虑，故曰"狐疑"。犹恐人害己，每豫上树，故曰"犹豫"。谓人解事曰"能"，无人同共曰"独"。能与独，亦兽也。据《说文》，能，熊之类，兽中称贤。独如虎，行止无侣。以至谓狙狯、狡猾之类皆是也。又造次谓之率然，按《杂俎》，常山有巨蛇，首尾尤大，或触之，中首则尾至，中尾则首至，中腰则首尾俱至，名曰率然。《孙子兵法》所谓率然者此也。然皆喻其一端，惟狼之喻尤多，言其恣食则曰"狼餐"，言其恣取则曰"狼贪"，言其威顾则曰"狼顾"，言其乱走则曰"狼窜"，言其陆梁则曰"狼扈"，言其专愎则曰"狼狠"，言其不恤则曰"狼戾"，言其不检则曰"狼藉"，言其乖谬则曰"狼狈"。

南宋

东坡水调

王　楙

淮东将领王智夫言，尝见东坡亲染所制《水调词》，其间谓"羽扇纶巾谈笑处，樯橹灰飞烟灭"，知后人讹为强虏。仆考《周瑜传》，黄盖烧曹公船时，风猛，悉延烧岸上营落，烟焰涨天，知樯橹为信然。

荐疏称字与年

王　楙

孔融上表荐祢衡，曰："窃见处士平原祢衡，年二十四，字正平，淑质贞亮，英才卓跞。"应瞻上疏荐韦泓，曰："伏见议郎韦泓，年三十八，字元量，纯心清冲，才识备济。"萧扬州荐士表曰："窃见秘书丞琅琊臣王柬，年三十一，字思晦，七叶重光，海内冠冕。"古之荐人，皆言几岁及称其字。今之荐章，罕有此体，岂当时以其字素著故邪？此体至唐犹在，观令狐楚荐齐孝若，亦曰："窃见前进士高阳齐孝若，字考叔，年二十四"云云。范云让

101

封侯表曰："晋安郡侯官令东海王僧孺，年三十五，理尚栖约，思致恬淡。"此称年而不称字。而唐韦处厚荐皇甫、崔颢荐樊衡，亦用此体，乃知唐人撰述，皆有所祖。

杨妃窃笛

王 懋

《容斋续笔》曰：明皇兄弟五王，至天宝初已无存者，杨太真以三载方入宫。而元稹《连昌宫词》云"百官队仗避岐薛，杨氏诸姨车斗风"，笑之也。仆考唐史，申王以开元十二年薨，岐王以十四年薨，薛王以二十二年薨，宁王、邠王以二十九年薨，而杨妃以二十四年入宫，号太真，遂专房宴。是时，申岐薛三王虽已死，而宁邠二王尚存，是以张祐目击其事，系之乐章，有曰"日映宫城雾半开，太真帘卷畏人猜。黄番绰指向西树，不信宁王回马来。"又曰"虢国潜行韩国随，宜春小院映花枝。金舆远幸无人见，偷把邠王小管吹。"盖纪其实也。惟容斋认杨妃为天宝三年方入宫，所以有是失，不知天宝初，太真进册贵妃，非入宫时也。集中谓虢国窃邠王笛，而《百斛明珠》乃谓妃子窃宁王笛，此说不同。

张祐经涉十一朝

王 懋

　　《百斛明珠》载：杨妃窃笛，张祐诗云云。《剧谈录》载：唐武宗才人孟氏卒，张祐诗云云。一述明王时事，一述武宗时事，二事经涉八九十年，其悬绝如此。张祐《唐书》无传，有文集十卷，不著本末，其粗见于《松陵集·颜萱序》中曰"过祐丹阳故居，已易他主。祐有四男一女，男曰椿儿、桂儿、椅儿、杞儿，三已物故，惟杞为遗孕，与女尚存。故姬崔氏，霜鬓黄冠，杖策迎门，与之话旧，历然可听。琴书图籍，今属他人。横塘之西，有田数百亩，力既贫窭，十年不耕，岁赋万钱，求免无所。"陆龟蒙亦序曰："祐元和中作宫体小诗，辞曲艳发，及老大，稍窥建安风格。或荐之天子，书奏不下，受辟于诸侯府。性狷介不容物，辄自劾去。居曲阿，性嗜水石，悉力致之，不蓄善田利产为身后计，死未二十四年，而故姬遗孕，冻馁不暇。"观二公所序，可以见祐平生大略矣。按《松陵集》时事在咸通间，龟蒙所谓死未二十年之语推之，祐死于宣宗大中之初年，是祐经涉十一朝也，计死时且百二十岁，其寿如此之长，是未可深诘也。祐尝有诗曰"椿儿绕树春园里，桂子寻花夜月中。"又诗曰"一身扶杖二儿随"，《桂苑丛谈》惟知祐有此二子，不知又有所谓椅儿、杞儿者，并表而出之。

东坡卜算子

王　楙

　　山谷曰："东坡在黄州所作《卜算子》云云，词意高妙，非吃烟火食人语。"吴曾亦曰："东坡谪居黄州，作《卜算子》云云，其属意王氏女也。读者不能解。

　　张文潜继贬黄州，访潘邠老得其详，尝题诗以志其事。"仆谓二说如此，无可疑者，然尝见临江人王说《梦得》，谓此词东坡在惠州白鹤观所作，非黄州也。惠有温都监女颇有色，年十六，不肯嫁人，闻东坡至，喜谓人曰："此吾婿也。"每夜闻坡讽咏，则徘徊窗外。坡觉而推窗，则其女逾墙而去。坡从而物色之，温具言其然。坡曰："吾当呼王郎与子为姻。"未几，坡过海，此议不谐。其女遂卒，葬于沙滩之侧。坡回惠日，女已死矣，怅然为赋此词。坡盖借鸿为喻，非真言鸿也。"拣尽寒枝不肯栖"者，谓少择偶不嫁，"寂寞沙洲冷"者，指其葬所也。说之言如此，其说得之广人蒲仲通，未知是否？姑志于此，以俟询访。渔隐谓鸿雁未尝栖宿树枝，惟在田苇间。"拣尽寒枝不肯栖"此语亦病。仆谓人读书不多，不可妄议前辈诗句。观隋李元操《鸣雁行》曰"夕宿寒枝上，朝飞空井旁。"坡语岂无自邪？

饥食榆皮

王 懋

乙卯春，歉甚，淮人至剥榆皮以塞饥肠，所至榆林弥望皆白。或者咨嗟，谓不知何以知此？仆读《前汉·天文志》，河平元年，旱伤麦，民食榆皮。《淮南万毕术》亦曰"八月剥榆，令人不饥。"知古者尝以此为弭饥之具，是以庾信《谢赉米启》曰"剥榆皮于秋塞，掘蛮鼠于寒山。"掘鼠事，见苏武、臧洪等传。

杨白花

王 懋

今市井人言快乐，则有唱杨白花之说，其事见《北史》。时有杨华者，本名白花，容貌环伟。胡太后逼幸之，华惧祸及，改名华，遁去。胡后追思不已，为作《杨白花歌》，使宫人昼夜连臂蹋歌之，声甚凄恻。柳子厚有《杨白花诗》，此正与汉宫人歌《赤凤来》曲相似，见《赵后外传》。

鸾凤万举

王懋

《汉宣帝纪》元康三年，诏曰："前年夏，神爵集雍。今春，五色鸟以万数飞过属县。"神爵四年，"鸾凤万举，蜚览翱翔。"师古曰："万举，犹言举以万数。"仆谓凤皇上瑞之物，岂徒出哉？必明盛之朝，然后一出。故衰周非其时而出焉，孔子起何德之叹。今宣帝之时，凤皇之出，无虑十数次，且每至动以万数，又何其多邪？窃恐非凤如皇者耳，黄霸所指分雀之类者也。此鸾凤万举，史家大其说耳，且凤所以异者，为其罕见且艰得故尔。今其数出至于万数，与燕雀何异，安足贵邪？

刘穆之

王懋

仰看飞鸟则应人必错，心在鸿鹄则学奕不就。此理之必然者。史载刘穆之甚异，内总朝政，外供军旅，决断如流，事无壅滞，宾客辐辏，求诉百端，远近咨禀，盈阶满室，目览词讼，手答笺记，耳行听受，口企酬对，不相参错，悉皆赡举。裁有闲暇，手自写书，寻览篇章，校定书籍。其精力聪给，自古未有如此者。

穆之非神人乎？夫人心无二用，安有五官兼应如此，而事事皆当，无几微错谬之理？此疑史言之过。

夏商铸钱

王懋

　　世言钱起于周太公《九府圜法》。《前汉志》云：凡货金钱布帛为用，夏殷以来，其详靡记。汉《盐铁论》亦曰：夏后以贝，殷以紫石，后世或金钱刀布，是周以前未用钱。仆观太公《六韬》曰：武王入殷，散鹿台之金钱，以与殷民。《史记》曰：纣厚赋敛，以入鹿台之钱。又曰：散鹿台之钱，以赈济贫民。高谦之亦曰：昔禹遭大水，以历山金铸钱，救人之困。汤遭大旱，以庄山之金铸钱，赎人之卖子。是三代皆已铸钱，不但周也。

敖器之诗话

敖陶孙

　　因暇日与弟侄辈评古今诸名人诗：魏武帝如幽燕老将，气韵沉雄；曹子建如河朔①少年，风流自赏；鲍明远如饥鹰独出，奇矫无前；谢康乐如东海扬帆，风日流丽；陶彭泽如绛云在霄，舒卷自如；王右丞如秋水芙蓉，倚风自笑；韦苏州如园客独茧②，暗合音徽③；孟浩然如洞庭始波，木叶微落；杜牧之如铜丸走坂，骏马注坡；白乐天如山中父老课农桑，事事言言皆着实；元微之如李龟年说天宝遗事，貌悴④而神不伤；刘梦得如镂冰雕琼，流光自照；李太白如刘安鸡犬遗响白云，核其归存，恍无定处；韩退之如囊沙背水，惟韩信独能；李长吉如武帝食露盘，无补多欲；孟东野如埋泉断剑，卧壑寒松，有绝望之意；张籍如优江行乡饮，酬秩自如，时有诙气；柳子厚如高秋独眺，霁晚孤吟；李义山如百宝流苏，千丝铁网，绮密怀妍，终非适用；本朝苏东坡如屈注天潢，倒连沧海，变怪百出，终归融浑；欧阳公如四瑚八琏⑤，正可施之宗庙；王荆公如邓艾缒兵入蜀，要以险绝为功；黄山谷如陶宏景入宫，析理玄谈，而松风之梦故在；梅圣俞如开河放溜，瞬息无声；秦少游如时女步春，终伤婉弱；李后山如九皋独唳，深林孤芳，冲穹自妍，不求识赏；韩子苍如梨园按乐，排比得伦；吕居仁如敬圣安禅，自能奇逸。其他作者未易殚述，惟唐杜工部如周公制作，后世莫能拟议。

〔注释〕

①河朔：古代泛指黄河以北地区，历来是兵家必争之地。

②独茧：即独茧丝。相传仙人园客养蚕得茧大如瓮，一茧缫丝数十日始尽。这里比喻特别突出的成就。

③音徽：琴上供按弦时识音的标志。

④悴：这里指衰弱、疲萎。

⑤四瑚八琏：瑚、琏是古代祭祀时盛黍稷的尊贵器皿，夏代叫"瑚"，商代叫"琏"。这里比喻特别有才能，可以担当大任。

〔作者简介〕

敖陶孙，字器之，原籍江西。宁宗年间（1195年），理学家朱熹被朝中当权者贬谪。因敖陶孙尊重朱熹的学问，有一次去探望他，并赠诗表达自己的心迹，不想得罪了宰相韩侂胄等人。韩侂胄四处捉拿敖陶孙，敖陶孙不得不化名走上逃亡之路，最后隐居福清东塘（今后山顶瑞亭村）。韩侂胄死后，敖陶孙恢复姓名。明洪武时（1368—1398年），其后裔建敖氏宗祠（今已圮）于东塘，尊称敖陶孙为始祖。敖氏后人有的分迁福清海口、龙江、音西、上郑及江西省新喻县等地。

元代

天章亭记

陈　㳘

　　始余至龙江，见西北近山，皆怪石林立，意其必有异地，便纵情求之，得瑞岩焉。暇日常从诸友予游，游必晨往夕忘归，因获与山僧以德、自隐者李福淦记论陈迹。于是知团圞庵之废百有余年矣。好事之士，足音不屑于跫然，识者曰：山川之灵，固有待其人乎尔。

　　至正九年春，郡公之曾孙名孛罗，字天章，来龙江为礎司长。赋既赢，则以其清旷之趣，既因登望之乐以自适，视瑞岩若夙有所契①，极谋理新之。属役于以德、福淦二人，不期月而规模毕备。登山有门，曰仙山佛国，示不凡也。为至尊祝厘，有殿曰寿圣，示不望君也。以为游息之所。有亭曰一鉴，曰四时景象，曰披云，曰紫霄，又有蓬庐曰玄玄。率因泉石自然之胜而托之以檐楹，间见叠出，回巧献状，不啻出自画图。游者盘旋其间，升隆出入，尺寸千里，而幽篁佳植，复为之映带，真奇观也。

　　阅明年春讫工，乡之耆艾②聚首临观，举啧啧叹曰："瑞岩之为幽奇魂口也，今兹宁有郁而来发者耶？抑长公注意于此，非徒为观美之，且将使吾游者蝉蜕几近，浮游高远，以去我胸中之积吝，而归于所谓光明正大者，斯其为惠也博哉！"

　　明年，公秩满引去，能为是乐以遗无穷，吾之于公，乌得而无情耶？遂谋之二人，度地于香山之南，铲秽伐恶，锄险就夷，为亭十有二楹，苍岩百尺，屏树其后。凡江山之好，一如岩巅诸亭所见，而闳肆③过之。亭成，问名于诸君子，使人能无忘公之德者。或曰：昔智仙为欧阳公作亭于滁，必以醉名，而亭始著。请以长公

110

之字字吾亭曰天章，可乎？佥曰：然。既而以德、福鉴又曰：亭之字固宜，后此岁久而亭就圮，奈何？吾闻永嘉人尝为康乐镌谢客岩矣。谢以余所以字亭者字吾岩而镌之，后之人一翘首跬足，固有以见其倬乎云汉之昭垂也，庶其不朽乎？诸君子皆喜，属余为之记。

余惟天下多佳山水，人莫不知之，而好事者为鲜，乐之者为尤鲜。故君子观于人之所乐，有以知其养焉。用是直书其事，以识岁月。至于天章文学政事之懿④，不暇赘云。天章官从事郎，松溪自号也。以德号孤岩，福淦号月海居士。

是发至正庚寅秋九月乙亥日，文祠官永嘉陈燧记。

〔注释〕

①契：投合。

②耆艾："五十曰耆，六十曰艾。"（《礼记》）后来以"耆艾"泛指老年人。

③闳肆：形容文章内容丰富，文笔豪放。

④懿：美好。

〔作者简介〕

陈燧，浙江永嘉人，生活于宋、元之间。

明代

《鸣盛集》序

刘　嵩

　　诗家者流肇①于康衢②之击壤③，虞廷④之赓歌⑤，继是者沨沨⑥乎。三百篇之音流而为离骚，派而为汉、魏正音，洋洋乎盈耳矣。六代以还，尚绮藻之习，失淳和之气。唐兴陈子昂氏，作障厥狂澜，杜审言、宋之问、沈佺期、李峤又从而叹之。至开元、天宝间有若李白、杜甫、常建、储光羲、孟浩然、王维、李颀、岑参、高适、薛据、崔颢诸君子各鸣其所长，于是气韵、声律粲然⑦大备。及列而为大历，降而晚唐，愈变而愈下，迨夫宋则不足征矣。元有范虞、杨揭、赵数家颇踵唐人之辙，至于兴象则不逮焉。噫！文与时迁，气随运复，不有作者孰能与之？

　　今观林员外子羽诗，始窥陈拾遗之阃奥⑧，而骎骎⑨乎开元之盛风。若殷璠⑩所论，神来气来情来者，莫不兼备。虽其天资卓绝，心会神融，然亦国家气运之盛驯致然也。谨题其集曰"鸣盛"，为之序云。洪武庚申季春既望嘉议大夫礼部侍郎吏部尚书庐陵刘嵩子高序。

〔注释〕

　　①肇：开始。

　　②康衢：宽阔平坦的大路。

　　③击壤：古代的一种民间游戏。

　　④虞廷：指虞舜的朝廷。相传舜为古代圣明之主，故以"虞廷"代称"圣朝"。

　　⑤赓歌：作歌唱和，表示欢乐。

⑥渢渢：宏大的声音。

⑦粲然：形容鲜明发光。

⑧闻奥：深邃的内室。比喻学问或事理精微深奥之所在。

⑨骎骎：形容马跑得很快的样子。比喻事业进展很快。

⑩殷璠：唐代的诗歌评论家。

〔作者简介〕

刘嵩，江西庐陵人，洪武年间任吏部尚书。

奏蠲虚税疏

林 扬

福建福州府福清县海上里民林扬谨奏，为恳蠲①虚税，以救遗民残事。臣闻民非君罔克胥匡以生，君非民无以辟四方。然民之资于君者三，而君之资于民者二。饥寒非君不适，劳苦非君不逸，危乱非君不定。君以能此三者，则曰：克厥后，而副下民之望。国家之威非民力不张，国家之需非民财不裕。民而尽此二者，则曰：尽厥职，而不干天威。倘民不聊生何意效力？民力既尽又何以输财？然必上恤民命，而唯三者之尽，斯下民永怀，而取二者之功，此上下相资一定之理也。臣扬祖林如大仕宋，晚岁归隐，遁居海岛。臣等生于荒山，长于草莱。恭遇陛下龙飞淮甸②，乃圣乃神，乃文乃武。一二伐而吴越肃清，数十战而闽楚悉平。民以安矣，物已阜矣。然而圣德广大，会周遐方。以臣等群居隔海，缺乏城池，乃发德音，下明诏，从之内地，以康其生。非为有罪而比之罚。为生民立命，为国家树猷，诚有以超前而黜后矣。臣等钦奉圣旨，罔敢违超。不意奉命之臣，不能上体圣意，下悉民情。文移星火，势急雷霆。三日之内驱臣等登舟，焚臣等房屋，拆臣等基址。仓卒舟楫难完，遗其器物，撤其畜养，粮食不能尽随，资财多致失落。兼风涛大作，人力莫及。覆没之余，死亡过半。臣等随波逐浪，遇地抛泊。父子兄弟，不能相顾。时蒙圣心轸念，下宽恤之诏，遇官田得耕，遇官屋得住。但真木柔蘖，风霜易折，衣袖残喘，气息难延。虽有官田无力得耕，虽有官屋无力得修。臣等日夜倾心跂足，望圣明下苏生之令，发抚绥之政，如宣王之还定安集，盘庚之懋建③大命，与臣等更始，庶几旦夕之命可延也。奈臣等有极苦极累之事，未蒙区豁。

　　闽海阻百越之远，淮甸隔九天之遥，圣目未经，颠越谁恤。使臣不言，不惟今日无暂安之期，抑且身家有长扰之患。不惟今日有死亡之虑，抑且子孙有永累之苦。幸陛下之聪明容纳而可言，臣等抑郁困顿而不容不言，故敢冒昧为陛下详言之。

　　臣等旧居福清县海坛山地周围八百里，田地七百八十四顷，粮米五千余石，盐额正耗五千余觔，夏税秋租为钱三十余万文，鱼课二千余担。民户难迁，额数犹存。追征期至，有司按籍科派，皂胥凭文迫取，圭撮难移，秋毫无贷。生者代死者之纳，存者代亡者之偿。臣等产业既废，囊箧俱空，疲骨监拘，妻儿系缧④。官田不得贸易，官屋无人承买。虽欲负瓦荷椽，伐来易镪，其可得乎？敲扑之下，何计可逃？以半菽不饱之民，携孱弱余息之女；以单衣忍冷之母，抱尪羸欲死之儿。持券街头，垂庚叫鬻，赔纳未回，批文又至，械系流离，道路困蹐。贾生已远，谁上痛哭之书；郑侠不逢，莫图可怜之状。遂使播弃遗黎，十死而无一生，十亡而无一存。拊心顿足，追思迁徙之时，不如沦胥以葬鱼腹之为愈耳。臣思陛下昔日仁恩，怜臣等僻居被寇，转于内地，本欲安而全之，不意今日业去粮存，科征如故，寔乃死而亡之。臣等何幸生当圣明之时，与太平君相同其世，何不幸遭此转徙之苦，不得与太平草木同其生。且臣一身之微不足顾，万口之流离寔可悯。臣一家之没不足惜，满路之哭声可怜。故臣不避斧钺之诛，甘触雷霆之怒，昧死吁天，忘生叩地，仰惟陛下创立鸿基，覃恩四海，顷者频蠲田租，泽被草野。屡省刑罚，德施刍荛。岂期阳春不播于寒谷，日月莫昭于复盆，使臣等之苦至此极也。优原陛下覆帱⑤无私，容光必昭。除虚浮之税额，清逃亡之户口，恤其饥寒，救其疾苦，定其居而授其田，奠其生而抚其伤，使亡者复，劳者息。稿倾疲癃者稍苏，与盛世蜎飞蠕动者同呼吸于草泽，而子子孙孙永为陛下之畜民。此乃下民之福，寔陛下大造之恩矣。臣扬谨冒死亲赍上奏，臣无任惶惧战栗待命之至。

〔注释〕

①蠲：免除。

②淮甸：淮河流域。

③懋建：勉力建立。

④缧：捆绑犯人的绳索，借指牢狱。

⑤覆帱：覆盖。

〔作者简介〕

林扬（1345—1419年），一作林杨，字仪中，福州海坛镇山门村（今平潭县流水镇山门前村）人，后迁福清海口。明洪武初，倭寇常犯中国沿海，抢劫商船，掠杀居民，闽、浙、粤三省沿海岛民受害尤烈。洪武二十年（1387年），朝廷下令三省沿海岛民迁徙内地。福州指挥使李彝奉命至海坛视察，百姓纷纷要求免迁。彝乘机敲诈，索贿无厌，激起民愤，布衣林杨率众逐彝。彝怀恨在心，以"海坛远离内陆，距琉球仅一日航程"为由，奏请徙民。于是朝廷下诏，勒令三天之内全岛居民内迁。人迁业废，百姓苦不堪言，可原有的田赋各税仍照旧额征收。"生者代死者之纳，存者代亡者之偿"，内迁户反对交纳这种极不合理的"虚税"。因不堪重负，卖儿鬻女、赴水投环者，不计其数。林杨愤慨万分，写就《奏蠲虚税疏》，并千里迢迢，上京告御状。守臣接疏不报，反以抗税大罪将林杨投入牢狱。系狱18年，林杨受尽苦楚。出狱后方知母逝弟亡，自己也瘦得形销骨立。有人可怜他，要举荐他做官，他断然辞谢。回乡数年后病逝，终年74岁。宣德元年（1426年），朝廷终于复勘准奏，诏闽、浙、粤三省民移产虚的赋税一律豁免。

《福清县志》序

林　富

　　夏《禹贡》，周《职方氏》，志始也。王会三辅为图，方舆、寰宇、舆地，代且数家续之。迨皇明一统，志始备焉。夫志，亦国之史也。夫子悼杞宋之无征，由文献之不足，则夫一邑之志，政治之得失，官师之淑慝①，役烦简而民疾苦，于是乎征，其亦未可忽也。

　　福清为七闽地，自宋建隆历于今，五百有余年矣。其更延因革，简编纪载，希阔②寥寂。宋先贤林亦之、黄锷著有《玉融志》，已渐③灭无传。嘉靖癸巳冬，适大参龙山陈公分守过宏路，谕邑令朱君冕曰："福清巨邑，志以稽文献，宜乘时举之。"令以有志不遑④对。公曰："考览山川，表章文物，守土者之责也，其可曰簿书之不闲，而缺于训方之简？"谕令以莆寒谷林先生，文章气节，立言足征，盍请董厥成。令奉命唯谨，谋之司训方君俶、黄君陛概邑庠诸生，佥忻然从事。遂命邑丞周澜往请，于甲午闰二月，寒谷公至玉融，寓圣迹寺，始事斯役。旁搜穷讨，揆天道，质人情，参古证今，鸿纤毕举，历六十四日而志成，为卷有十。于建置、疆域知其胜，于城市、风俗知其通，于户口、贡赋知其核，于物产、水泉知其利，于兵防、政典知其密，于宦绩、人文知其劝，于庙制、秩祀知其正，于仙释、杂志知其变。严而公，约而尽，质而不浮。其间有升落去取而默寓⑤激劝⑥散发，合政与化，而联缀协偶之，其固有史之义欤？寒谷学正而识精，吾固知其言之足以资后无疑也。嗣是而生于斯、官于斯者，因之而监观兴起，以为程身治人之法，其于政化岂小补哉！然则是志也，官之规，民之鉴，而于今圣谟⑦神化，实有攸助焉，岂仅一邑之史已耶！故不辞而为之序。

嘉靖甲午仲夏之吉，莆中省吾林富撰。

〔注释〕

①慝：邪恶。

②希阔：稀少。

③渐：尽。

④遑：闲暇。

⑤默寓：暗中寄托。

⑥激劝：激发鼓励。

⑦谟：计划、策略。

〔作者简介〕

林富，字省吾，明成化十一年（1475年）出生于福建莆田一个诗礼传家、英杰辈出的名门望族"九牧林"家族。林富的家族之所以被称为"九牧林"，是因为唐朝天宝年间，他的祖先中一母所生的九个儿子全都学有所成，官至刺史，为世人所称颂。林富的祖先中有一位叫林藻的人，是盛唐时著名的文学家和书法家，此公年轻时参加科举考试，以一篇《珠还合浦赋》博得主考官的赏识，称赞此文写得文采飞扬，如有神助。

正德元年（1506年），明武宗即位，宦官刘瑾得到重用。刘瑾狡狠，日进鹰犬、歌舞、角牴之戏，得帝欢心，受到重用，进内官监，总督团营。刘瑾弄权，政治日益黑暗。朝中大臣屡谏，惨遭打击。林富不畏强暴，逆流勇进，上疏进言，"忤逆瑾，系诏狱，谪潮阳丞。"不久，官被罢，还罚米百石。直至刘瑾被诛，林富被起用为袁州府同知，后任宁波知府、广西参政、四川左布政使、都察院右副都御史。不久，他又出任兵部右侍郎兼右佥都御史，代总督之职，平息了广州、会宁等地叛乱，维护了国家统一。他还上六事疏，为会宁善后出谋献策，得到采纳。林富十分珍惜边疆安定，万民休养生息，反对轻举妄动。"富谓多杀非安边之策，奏请非甚棘，毋轻用兵"，与御史异议，只好多次上疏乞休。林富回莆后，建小亭于山东，卒年六十六，有奏议二卷存世。

瑞岩寺新洞碑记

戚继光

出龙江城，循山而北约三里许，山环石峙，怪状百出。山之麓有洞，桥即前人所谓白莲桥。旧蓄水种白莲，近为土人泄而田之，沧海桑田信哉。过桥有细泉自寺墙下流为丈池，荒芜无取，余葺为流觞所。过此仰登数步为禅关，石级鳞鳞。入关转西，由级而上为禅堂，入而方丈，后为天章岩阁，俱颓然欲倾。寺之西垣外，有弥勒石像高数丈，乃就地中石为之，镌制颇佳。余兴剧时，每集众宾坐于肩、乳、手、腕、足、膝之上，分韵赋诗，间以歌儿，鳞次高下，传觞而饮。寺自方丈后转东为穿云洞，昔名"自在门"，穿洞而上为皆醉亭，取众人皆醉之意，即旧名山光水色亭也。后有独醒石，为皆醉亭解嘲耳。亭下有大石，刻瑞岩三十七洞天，盖总名一山岩洞之胜也。由亭入石门，中为观音洞，有泥肖观音，古甚，因以名洞。折旋而上为过来桥，桥出石隙为危道，道穷为石隙，仅二尺许，蹑石级出其上为瑞岩，旧名半岩亭。东对巨浸，海外群山拱秀，真南国之奇诡也。余以此一山冠冕，故遂以瑞岩名。下遵故途，至观音洞前转而北，登山皆有石砌，可以肩舆①，固余所新饬②也。道之左有石如虎，名之曰蹲虎石。将至山巅，有顽石颇巨，旧题"天风海涛"。旁一石甚奇峭，旧名窈窕峰，峰下为石门。石门者，一石中分，仅可独步，长约丈余。逾此为蓬莱峰，其石秀秒而丰下，形壮而雅。余故里山东蓬莱峰阁下，此峰可因以望亲垄，故名。逾仙穴，仰登仄径，又数十步为还丹洞。出洞由故道下蓬莱峰，左为醉仙岩。仍复故道，由右门旋级而上，数步许委折穿石下，级路甚奇，侧俯躬以出，为小洞。过小洞则两石如壁，前石如屏，石隙之巅悬一大石，名为悬石窦。出窦，循侧路高下宛转，为醒心泉。洞四围皆石，中可坐息，石下一泉，清凝莹澈，可濯可饮。出洞俯躐，至半麓转入双龙洞。洞有二相联，俱峻石如围。仰观空阔，下见佃庐。复入石隙，则一洞开爽邃寂，形如卧虎，可容二十余人，稍加修葺，真避世者坐炼之区也，故名之曰归云洞。内有天成圆石，琢而平之，仅容八人共弈，名曰仙枰。是日即与诸客成一局，局罢剧饮，私谓是洞盖尽一山之胜矣。出双龙洞，相对为石芙蓉峰，其石岩岩可观，麓之西有苍松数株，旁一石肖屏，名曰石屏。由洞而西数十步，有石如伏狮。由伏狮而仰登石径，直上瑞岩大洞天。洞六方皆空，上有悬石，下可坐百人。步洞而下，入深窦，为路者二。外路由振衣台下过，颇朗爽，内由大洞天而入，乍至非张灯不可行，洞有悬石，即大洞之底石也，名为冲虚洞。幽深清绝，此其最矣。出洞而西，上振衣台，石磴危悬，登者甚恐，或竟却步，名之振衣，取振衣千仞冈意也。回由大洞钻隙循级而上，为飞来岩，旧名桃花洞。上有大石，阔可丈余，长可数丈，悬出，岩上下可观三面，实岩也，非洞也，故改之，且以童山无取于桃花云。岩之上平阔，可容数十人坐卧，盖一山极高处。举目四顾，群山开阖，下临绿野，水绕诸村，可以望宸③京，名之曰望阙台。刻辋川④诗"云里帝城双凤阙，雨中春树万人家"一联，示不忘君也。

　　余雅志林壑，故伺疆事之隙，芒屦选胜，聊适逸怀。遂指画部曲沈秉懿、猛士徐仲以次辟之。而景与兴契，率意命名，亦不偶然也。别有石佛窟，即石佛岩，旧有香山洞石刻。又有所谓穿云洞、玉虚洞、天台洞、一鉴池、滑苔桥、桃花园、仙人井、通海井、仙山门、义鹿冢、伏虎石、醉石、一滴泉、面壁岩，皆乃旧名，其景无足为大观轻重，且多失其处。外此尺寸之奇，无虑百十余所，始不暇更仆。又旧志中所载天峰亭、休休庐、八卦亭、紫霄亭、披云轩、宴坐轩、团圞庵、玄玄轩、梵行堂、华严藏、太虚室、飞泉亭、物外轩、四时景象亭，或今昔殊名，或岁久荒没，盖胜虽天造，而亦以人兴。人远则土木颓废，俱不可考也。故曰："山不在高，有仙则名。"

嘉靖四十三年丙寅秋九月，敕镇守福、浙、广东神威营等处总兵官、定远戚继光撰，吴郡周天球书。

〔注释〕

①肩舆：轿子。

②饬：整治。

③宸：指帝王居住的地方。

④辋川：水名，在陕西蓝田县南。唐代诗人王维曾隐居于此，后以辋川借代王维。

〔作者简介〕

戚继光（1528年11月12日—1588年1月5日），字元敬，号南塘，晚号孟诸，卒谥武毅。汉族，山东蓬莱人（一说祖籍安徽定远，生于山东济宁微山县鲁桥镇）。明朝抗倭名将，杰出的军事家、书法家、诗人、民族英雄。戚继光在东南沿海抗击倭寇十余年，扫平了多年为虐沿海的倭患，确保了沿海人民的生命财产安全。后又在北方抗击蒙古部族内犯十余年，保卫了北部疆域的安全，促进了蒙汉民族的和平发展，写下了十八卷本《纪效新书》和十四卷本《练兵实纪》等著名兵书，还有《止止堂集》及在各个不同历史时期呈报朝廷的奏疏和修议。同时，戚继光又是一位杰出的兵器专家和军事工程家，他改造、发明了各种火攻武器。他建造的大小战船、战车，使明军水路装备优于敌人。他富有创造性地在长城上修建空心敌台，进可攻退可守，是极具特色的军事工程。

《吴山图》记

归有光

吴、长洲二县在郡治所①，分境而治。而郡西诸山皆在吴县。其最高者，穹窿、阳山、邓尉、西脊、铜井②，而灵岩，吴之故宫在焉③，尚有西子之遗迹④。若虎丘、剑池及天平、尚方、支硎⑤，皆胜地也。而太湖汪洋三万六千顷，七十二峰沉浸其间，则海内之奇观矣。

余同年友魏君用晦为吴县⑥，未及三年，以高第召入⑦为给事中⑧。君之为县有惠爱，百姓扳留之不能得，而君亦不忍于其民，由是好事者绘《吴山图》以为赠。

夫令之于民诚重矣。令诚贤也，其地之山川草木被其泽而有荣也；令诚不贤也，其地之山川草木亦被其殃而有辱也。君于吴之山川盖增重矣，异时吾民将择胜于岩峦之间，尸祝于浮屠、老子之宫也固宜⑨。而君则亦既去矣，何复惓惓于山哉？昔苏子瞻称韩魏公去黄州四十余年，而思之不忘，至以为《思黄州诗》，子瞻为黄人刻之于石⑩。然后知贤者于其所至，不独使其人之不忍忘，而已亦不能自忘于其人也。

君今去县已三年矣。一日与余同在内庭⑪，出示此图，展玩太息，因命余记之。噫！君之于吾吴有情如此，如之何而使吾民能忘之也！

〔注释〕

①"吴、长洲"句：吴县和长洲的县治在苏州府的府城。吴，今江苏吴县。长洲，县名，1912年并入吴县。郡治所，指苏州府治所，即今苏州市。

②穹窿：山名，在吴县西南。阳山：在吴县西北，又名秦余杭山、万安山。邓尉：山名，在吴县西南，汉有邓尉隐居于此，故名。西脊：山名，在邓尉山西，一名西碛山。铜井：山名，在吴县西南，一名铜坑山。

③"而灵岩"句：灵岩山在吴县西，春秋时吴王夫差在山上为西施筑馆娃宫，吴之故宫即指此。

④西子之遗迹：指灵岩山上响屧廊、西施洞等遗迹。西子，西施，传说越人送给夫差的美女。

⑤虎丘：山名，苏州有名的游览胜地。剑池：虎丘山上的池名。天平：山名，在吴县西。尚方：山名，在吴县西南，又名上方山。支硎：山名，在吴县西二十五里，又名观音山，晋朝僧人支遁隐居于此，山上放鹤亭、白马涧等都是他的遗迹，山因此出名。

⑥魏君用晦为吴县：魏体明，字用晦，明嘉靖二年（1523年）出生于福清六十都后瀛（今东瀚后营）村，明嘉靖四十四年（1565年）任吴县知县，隆庆二年（1568年）迁刑科给事中。为吴县，在吴县做县官。

⑦以高第召入：因吏部考核成绩优秀而被召入朝廷做官。

⑧给事中：官名。吏、户、礼、兵、刑、工六科各置都给事中一人，左右给事中各一人，给事中吏科四人，户科八人，礼科六人，兵科十人，刑科八人，工科四人，其后员数常有增减。

⑨"尸祝"句：在佛寺或道观为魏君向神祈祷，这本来就理所当然。尸祝，本指主持祭祀的人，这里用作动词，意为祷告、祝福。浮屠之宫，佛寺。老子之宫，老子被道教尊为祖师，老子之宫即道教的神庙道观。

⑩"昔苏子瞻"四句：苏轼《书韩魏公黄州诗后》："黄州山水清远，……魏公去黄四十馀年，而思之不忘，至以为诗。……于是相与摹公之诗而刻之石，以为黄人无穷之思。"韩魏公，名琦，北宋宰相，封魏国公。黄州，今湖北黄冈。

⑪内庭：宫禁以内。按《明史·归有光传》："隆庆四年（1570年），大学士高拱、赵贞吉雅知有光，引为南京太仆丞，留掌内阁制敕房，修《世宗实录》。""内庭"指此。

〔作者简介〕

归有光（1507年1月6日—1571年2月7日），字熙甫，又字开甫，别号震川，又号项脊生，世称"震川先生"。汉族，苏州府太仓州昆山县（今江苏昆山）宣化里人。明代官员、散文家，著名古文家。

嘉靖十九年（1540年），归有光中举人，之后参加会试，八次落第，遂徙居嘉定安亭江上，读书谈道，学徒众多。嘉靖三十三年（1554年），倭寇作乱，归有光入城筹守御，作《御倭议》。嘉靖四十四年（1565年），归有光60岁时方成进士，历长兴知县、顺德通判、南京太仆寺丞，故称"归太仆"，留掌内阁制敕房，与修《世宗实录》。隆庆五年（1571年）卒于南京，年六十六。

归有光崇尚唐宋古文，其散文风格朴实，感情真挚，是明代"唐宋派"代表作家，被称为"今之欧阳修"，后人称赞其散文为"明文第一"。与唐顺之、王慎中并称为"嘉靖三大家"，又与胡友信齐名，世称"归、胡"。著有《震川先生集》《三吴水利录》等《〈吴山图〉记》被清人吴楚材、吴调侯选入《古文观止》，近年被选入高中语文课本。

盖州①重修城东西楼记

薛廷宠

明

代

皇帝即位十六年②，澶州③史子④以御史按辽，陈轨率物兴废葺敞。乃春三月，按部盖牟，辨方察治，加治武备，乃登城周视，沧溟限带，峰峦拥维，烽堠⑤墩台，森布丽列，控青齐，蔽全辽，三面捍敌。东为顺清门，南为广恩门，西为海宁门，门上有楼。岁久西楼敞其，东则颓然废基。

史子曰："嘻！夫盖关海之冲，夷夏之界也，城楼敞且废是辱我也，将无纳之侮乎？"

备御徐镛进曰："往者王巡察公尝檄修建主者，艰其役竟止，时则有待。"

史子曰："春秋重改作，谓可已尔，是可以已与。余所恐者岁潦国饥万民皇皇时，讪举嬴犯圣人之戒，然余图之毋扰民，材木器具偿其值，陶人石人咸须诸公，迁者、作者、斤者、畚者日给之饩。栋弗称则挠，兹惟弗寿其伐巨于嗳阳之罔。"

乃以于指挥夔修其西，以郝经历人英修其东，资之成画胥服以事事惟谨。踰时二，楼成杰栋，疏桹厚基，周垣涂丹，黝垩⑥次第。饰润方诸前过之，可以固国，可以耆远，而举不失义，劳能悦民望其怼矣。

余时以按储至辽，郝人英来役一日为余诵述，请记。余曰，记可尔，夫固国则功耆远，则威比义，则衷悦民，则惠是可以为兴事者之训记之。

史子名褒善，字文直，别号驼村，为余同年之良云。

〔注释〕

①盖州：即今辽宁省营口盖州市。

②皇帝即位十六年：指嘉靖皇帝朱厚熜，他于1522年即位，十六年是1537年。

③澶州：河南省濮阳县的古称。

④史子：史襃善（1499—1562年）字文直，号沱村（一作驼村），明开州（今河南濮阳县）人。嘉靖壬辰（1532年）进士。历官御史、辽东巡按、南京国子监博士、南京吏部主事、江西按察副使等职。著有《沱村先生集》。

⑤烽堠：烽火台。

⑥黝垩：淡黑色和白色的涂料。

〔作者简介〕

薛廷宠（生卒年不详）字汝承，号萃轩，福建省福清县福唐里南山村（今福清市龙田镇南山村）人。明嘉靖十一年（1532年）进士。曾任工部给事中，后为都给事中。为人耿直，不畏权势，置个人生死于度外，尝疏劾诸大臣，历数严嵩父子祸国殃民的罪状。因积劳成疾，死在官所。为官勤政清廉，身后囊空如洗。生前著有《皇华集》《谏垣奏议集》等。

福清岱丘厦厅林氏重修族谱序^①

林 章

大都物必有所自始。昆仑之山，群望^②之祖也；黄河之水，众流之宗也。矧^③伊人矣，其孰无宗与族乎？是故，先王为祖宗功德之不可无报也，则制之宗庙之礼以通其情；为族氏本支之不可或遗也，则制之谱图之法以纪其传。信以传信，疑以传疑，要使夫为子若孙者有所徵考^④，因是以不忘所自而得尽乎情与礼耳。后世浸^⑤失此意，皆欲系籍^⑥乎圣贤、物色乎盲聋，虽世远人亡非我族类者，亦将牵援而附益^⑦之，于是乎纪载繁芜，正传乖舛^⑧，君子盖无取焉。余也其亦有是乎哉？

尝考学山公遗□一章，少山公所亲受也。传诵数世，宜斋公始绎之而序以成谱，据事直书，可谓信矣。历嘉清公方八世，爰有六子，曰玉、曰珏、曰量、曰珪、曰晚望、再望是也。量公以洪武九年丙辰入伍，于南京留守卫。逮宣德三年戊申始复伍于万安所，再望公以洪武十九年丙寅登赘于太湖之下溪陈氏，因而家焉。惟玉与珏、珪与晚望四公流为四派。始学山而至余凡十五世矣。

嘉靖乙酉春，锡公念其传之已久，独毅然为之删述^⑨，世系宗支，宛然可陈。其间簪缨、文学、忠义、孝友，淳庞清素^⑩、敦尚古雅者代不乏人，祖宗之家法固亦庶乎其无敢慢也。嗣是倭夷猖獗，子姓参商^⑪十余年，乱无宁日，是谱已为煨烬^⑫矣。赖有十六世系曰懋者独全一帙，巅末^⑬备载，盖锡公重修时所自录也。懋性仁孝，志不忘本，越隆庆二年春王正月^⑭朔登拜家庙，礼毕而燕，既醉，乃起而言曰："古之饮食者，虽菜羹必祭，重其始也。吾今日所以得群昭穆而聚乐于斯者，伊谁之赐乎？而可无以崇其报也？自吾祖学山公以来，其发祥不为不远矣，其世德不为不多矣，旧谱虽火于兵然而犹幸有存者。吾诸伯兄其能无意乎哉？"因出之以示，金曰："吁，信矣哉，吾之谱也！伟矣哉，子之功也！后之窥昆仑、溯黄河，昭先王之教而免于君子之讥者，将终赖焉。"遂订正之。五日告成，命余序之于此云。

时隆庆二年岁在戊辰春王正再经八代至林嘉清，有六子，其中林玉、林珏、林珪、林晚望逐渐繁月五日，十五世孙章百拜序。

〔注释〕

①见《林初文诗文全集》，上海古籍出版社2009年1月版《续修四库全书·集部》01358册。

本文为明代隆庆年间福清才子林章所作。"岱丘厦厅林氏"是福清林氏的一支，至于"岱丘厦厅"的具体所指，现已无考。

文中从续谱的角度叙述了此支林氏的发展史。先祖林学山撰稿一章，亲传于林少山，至林宜斋编写成谱。此支林氏才正式有了自己的族谱。衍昌盛开来。一直到嘉靖四年（1525年），林锡重修族谱，但因战火不断，已经鲜见。幸而十六世系林懋犹存林锡之旧谱，故于隆庆二年（1568年）主持修订族谱，完工之后请林章撰写本序。

本文乃大家之作。考证详细，用语典雅。文首的议论颇有深度。

②群望：受祭于天子、诸侯的山川星辰。望，谓不能亲到，望而遥祭。《左传·昭公十三年》："初，共王无冢适，有宠子五人，无适立焉，乃大有事于群望。"杜预注："群望，星辰山川。"《文选·张衡〈东京赋〉》："元祀惟称，群望咸秩。"薛综注："群岳众神，望以祭祀之，皆有秩次。"

③矧：连词，另外，况且，何况。

④微考：考求征信。明·宋濂《〈陶氏家乘〉序赞》："夫自唐以前，官有簿状，家有谱系，凡有司选举，民俗昏聘，则互相微考。所以明贵贱，别亲疏，各有统纪，不相淆乱也。"

⑤浸：副词，渐渐。如：浸盛（逐渐强盛），浸疏（逐渐疏远），浸淫（逐渐，形容分量渐渐增加）。

⑥系籍：编入名籍。清·方苞《教忠祠祭田条目序》："狱辞

上，蒙恩免死，系籍汉军。"

⑦附益：附会，夸大其辞。《后汉书·郭太传》："其奖拔士人，皆如所鉴。后之好事，或附益增张，故多华辞不经，又类卜相之书。"

⑧乖舛：谬误，差错。也可指矛盾。

⑨删述：相传孔子序《书》删《诗》，又自称"述而不作"。后以"删述"谓著述。南朝·梁·刘勰《文心雕龙·宗经》："自夫子删述，而大宝咸耀。"

⑩淳庞：犹淳厚。宋代文天祥《跋〈刘父老季文画像〉》："予观其田里淳庞之状，山林朴茂之气，得寿於世，非曰偶然。"清素：清正廉洁。

⑪参商：参星与商星，二者在星空中此出彼没，彼出此没。这里比喻亲友隔绝，不能相见。南朝梁朝的吴均《闺怨》："相去三千里，参商书信难。"

⑫煨烬：经焚烧而化为灰烬。

⑬颠末：颠末，从开始到末尾，谓事情的全过程。清代的李渔《蜃中楼·传书》："贵人不厌絮烦，奴家愿陈颠末。"

⑭王正月：周天子所颁历法的正月。周以建子之月（农历十一月）为正。《春秋·隐公元年》："元年春，王正月。"《公羊传》："元年者何？君之始年也。春者何？岁之始也。王者孰谓？谓文王也。曷为先言王而后言正月？王正月也。何言乎王正月？大一统也。"

〔作者简介〕

林章（1551—1599年），明藏书家、文学家。本名春元，字叙寅，后改现名，字初文，号寅伯。福建福清人。万历初举于乡，因坐事被除名。曾访问戚继光，谈论兵事，得戚继光赏识。后侨居金陵。旅燕京十数年，上书止矿税，兼述立兵兴盐之策，为宦官所嫉，下狱，暴死于狱中。居金陵时，藏书甚富，架上多谢翱、郑思肖等人的旧藏。据《闽藏书家考略》称，他撰有《述古堂书目》2卷，今无考。工于诗，擅长戏曲写作。著有《诗选》《青虬记》《观灯记》传奇二种，《林初文诗文全集》15卷，现藏北京图书馆。

林章自小聪慧，7岁即能成诗。嘉靖四十二年（1563年），倭寇侵扰福建沿海，年方13岁的林章，上书官府请缨御寇。万历元年（1573年），林章乡试中举，之后屡试不第。后来，他投奔戚家军并任军事参谋。一次聚宴，他即席作《滦阳宴别序》。酒未三巡，诗序并就，博得戚继光和在座宾客好评。戚继光得知林章的文才后，特"持千金"表示敬意。林章当即把它分给了贫苦百姓。后来，林章成了戚继光的幕僚。不久，林章举家迁居金陵（今南京）。当时南京法曹刘某贪赃枉法、审案不公，林章义愤填膺，振臂为百姓奔走呼号，由于势单力薄，遭受迫害，下狱3年。释放后他入燕京10年。明朝政府和日本不和，发生了白关之战。投降派主张议和，林章闻讯后两次上书驳斥议和主张，并请求明朝政府出海，用奇兵剿灭倭寇，但明朝政府置之不理。此后，林章又上书皇帝要求停止矿税，并陈述了兵制、盐务之策。万历皇帝看了奏疏后很感动，交内阁办理。权臣沈一贯对万历皇帝的圣旨置之不理，反将林章治罪入狱。林章忧愤交加中，写了两部传奇小说《青虬记》和《观灯记》，后暴病逝于狱中。

滦阳城宴别序

林　章

戚大将军席上送汪伯耳奉使还吴钱汝元省亲归越

汪长公腹藏百万甲兵，投笔入卢龙①之塞；钱仲子手运三千礼乐，担簦②过涿鹿之乡。四海萍踪越鸟吴云自适；一言兰臭③燕风朔月相宜。愧一介学异怀蛟，未卖黄金之赋；幸二君情均得兔，遂承白璧之盟。奏流水而赏知音，占聚星而忻④促膝。夜雪开尊，临北极觉汉渚之非遥；春花拥棹，泛东湖望瀛洲其何远。有怀天地偶此同襟，不谓风尘忽当分袂⑤。皇华歌而使君出，芳草赋而王孙归。或言省亲闻剑指卧龙之岭，或载勤王事旌飞立马之峰。鸿雁分行，骊驹在道。于时梧秋已到，桂月初圆。云带露而愁凝，树含霜而惊落。孤城寒角起，封疆动壮士之思；万户暮砧鸣，岁序系远人之感。有情斯触，无物不怀。山怜断而迥岫西关，水怅流而停波献浦。顾芙蓉之不媚，仍依槛以如颦；彼蟋蟀其何悲，亦吟楷而似叹。车脂弗驾辇，辗转于河梁；马秣犹维嘶，徘徊于此路。于是瞰金城以开帐，坐召虎于三屯；挹银汉以流觞，醉元龙于百尺。胡姬掩扇清歌，落八月之梅；赵女拂衣妙舞，斗三春之柳。玉山筵上，倒气翻牛渚⑥之涛；宝剑斗边，横光动龙沙之徽。振衣而爽籁发，秋声客思同清；舒啸而惊鸿回，物态人情俱警。连床而话，不雨何凄。击筑以歌，因风亦慷。十年壮胆，照青灯以独明；千古愁颜，染绿醴而尽破。今宵疑对影，恍如蝴蝶枕边飞；明日问行踪，多是凤凰山下客。喜故人之共发，折杨柳莫唱渭城之词；况新事之相将，听琵琶岂下江州之泪？若夫努力前修，争一鞭于先着。论心后会，念雨盖之初倾。或破浪乘风，掩图麟而纪绩；或攀鳞附翼，望题雁以蜚声。拟结绶于青春，看联镳于紫陌。是所愿者，可不云乎？

嗟夫!江南花鸟久无主人，塞北风霜尚多游子。君俱去，我独留。临水登山，谁识送归之意；当歌对酒，翻成惜别之期。皎月出而窥筵，无非眷余之孤影；寒花开而侍榻，愿言赠子以清芬。酒尽杯，诗成四韵。

〔注释〕

①卢龙：县名，在河北省东北部，现隶属于秦皇岛市。

②篓：古代有柄的笠。

③臭：香气。"同心之言，其臭如兰。"（《易·系辞》）

④忻：同"欣"。

⑤袂：袖子。

⑥牛渚：中国历史上为兵家必争之地，在今安徽省马鞍山市采石镇。

福清县拓城记

叶向高

福清为县，自唐圣历二年割长乐县南八乡始置，时称万安，从乡名也。至闽龙启元年，始名福清。元州之，明复为县，而俱无城。嘉靖甲寅，以岛夷毒闽，蔓延滨海四郡，福清内蔽三山而外遏莆阳、泉、漳，实缩榖①重地，夷所出没，始议城城。时师环其疆，仓皇毕事，北傅高山，西跨冈峦，而东迫陵阜。贼登阜而攻，若对垒焉。从东望西，周垣毕睹，我之戍守虚实，较若列眉②，而最害在北。戊午之变，贼据北山，俯而瞰城，每发辄毙，守堞之士，披靡奔溃，无有以一矢加遗，日未移晷，万室荡然。论者咸为城咎③，亟欲议更。顷之夷创归，城遂如故，迄今三十余年而莫任其事。前令广昌罗侯、清远欧阳侯，先后为牍，言城失险状，俱报罢。岁壬辰，岛夷肆虐朝鲜，海上戒严，邑父老诸生群走请，当道下其议，属领邑事者谦让未皇。

无何，丁侯自德化徙令是邦。侯尝读前令牍，业为扼腕，下车首循城，慨然三叹："兹城之不更，即一旦有急，令何以从邑子弟立睥睨间。往事之不忘，其安能晏然④于此土也？"父老诸生顿首愿受画，侯乃陈便宜甚具以请，俱报可。属以募卒增饷造艅艎，公帑大诎，乃令民以丁亩输金，召父老之干力者董事。关城跨北山而台其上，移西城山之半，包冈萦涧，缩东城避阜为台，以当敌冲。四门益以月城，一新诸楼。敝堵洼垣，咸有增筑。经始于癸巳初春，入夏而告成事。金汤屹如，实父老相劝趋役，而侯固日夕拊循⑤，却盖徒行，暴烈日中，版筑奔走云集。子来城成，而过者诧以为神。侯乃悉稽城垣经费，某所某役，受金若干，巨细条分，纤悉无漏，籍而报诸当道，榜通衢以示民。物情大孚，父老固已心德侯，又念其劳苦功高，相与谋为祠祠侯。侯力辞谢，则相率造不佞，谓是役也，实邑万年之伐，太史宜纪其事，以诏来兹。余惟任事之难，昔人所叹，病在处堂偷安，筑舍挠议，虑之者不审，听之者易淆，往往无穷之业，以小利害隳[6]矣。然皆其祸福未形，是非方隐，非抱独知之契者，难以从事。未有如邑城之失险受祸，往辙昭章，耳目所共睹记，无俟悬断而豫卜者也。乃犹或怀承平之安。以不腆敝赋勤君侯之焦思，则吾邦人愧矣。昔高皇帝既定天下，其经画滨海独详。闽自列郡外，置卫者四，融居一焉。而翼之以万安所，夫宁重福清，诚重闽也。福清完而三山之屏树，闽南之道通。渊乎神谟，此所谓见万里之外欤？然则君侯之功，宁下邑是顿，即闽百世祖可矣。兹役也，台使者、监司咸赞其议，而太守山阴何公为尤力。详具薛观察所为记中。计移旧城四百余丈，增新城二百丈，并月城台楼及修筑诸费，共征编户六千七百余金，莫有逋者。督役则邑丞某、簿某，效劳则耆民某等七十余人。侯，南昌人，讳某字某，别号见白，岂弟明敏，卓然循吏，尤其任事，加意兴除，此其大者云。

〔注释〕

①绾毂：这里指交通要道。

②列眉：两眉对列，比喻真切无疑。形容非常明白。

③咎：罪过。

④晏然：安适，安闲。

⑤拊循：这里指调度。

⑥隳：毁坏。

〔作者简介〕

　　叶向高（1559—1627年），字进卿，号台山，晚年自号福庐山人。福建福清人，生于明世宗嘉靖三十八年。万历十一年（1583年）进士。明万历、天启年间，叶向高两度出任内阁首辅大臣。叶向高在担任内阁首辅期间，善于决断大事，为万历皇帝出谋划策，调剂大臣之间的关系，遏制魏忠贤的势力。叶向高卒于明熹宗天启七年（1627年）。崇祯初年，叶向高被追赠为太师，谥号文忠。

　　万历二十六年（1598年）朝廷征召叶向高，任命他为左庶子，充任皇太子的侍班官。当时盛行征收矿税，叶向高上疏，援引东汉西官府聚积钱财的事例为鉴，没有得到批复。但过了不久被提拔为南京礼部右侍郎。很久之后，改任吏部右侍郎。叶向高再次陈述矿税的危害，又请求罢免辽东税监高淮，言辞都很恳切。妖书案兴起，他写信给沈一贯极力规劝。沈一贯感到不高兴，因而叶向高在南京任官九年没有晋升。

　　后来沈一贯被罢免，沈鲤也离职了，朱赓专权。皇帝命令增加阁臣。万历三十五年（1607年）五月提拔叶向高为礼部尚书兼东阁大学士，跟王锡爵、于慎行、李廷机一起接受任命。十一月，叶向高进入朝廷，于慎行已经死了，王锡爵坚决推辞不出来任职。万历三十六年（1608年），首辅朱赓也死了，次辅李廷机长期闭门不出，于是叶向高就成为唯一的首辅。

　　叶向高担任内阁首辅的时候，万历皇帝已经在位很长时间了，疏于上朝，国家大事无人过问，有些重要的官职都空缺着，对士大夫的任命往往又无法下达，君臣之间很有隔阂。廷臣们逐渐形成各种帮派，而宦官征税、开矿，又极大地危害了民众。此外，皇帝宠幸郑贵妃，贵妃之子福王不肯回自己的封国。叶向高忧国忧民，一心为公，每逢主持政事都很尽忠效力。可是，明王朝已经腐败透顶，无可救药。万历四十二年（1614年）辞职归里。天启元年（1621年）十月复为首辅，四年六月辞职归。

重修福清县儒学记

叶向高

福清儒学，旧在宋西城门儒学坊外。嘉祐间邑人游冠卿提举本路，输地为庙，乃移邑治之左。元丰广为学宫，其后代有损益，故籍可考已。至明嘉靖戊午，倭戕，邑学烬焉。后稍建庙及堂，余以时诎，阙如也。

岁壬申，邑令南陵许公为学舍数十楹于堂之东偏，集诸生弦诵其中。公去而弘业稍复颓圮。博士龙溪蔡公以孝廉来奉职，令则岭南欧阳侯，相顾咨嗟，谓融实闽中钜邑，才贤蔚起。而学宫顾简阙不称，无以观四方，吏职之谓何？相与谋从事而难其费。令曰："帑有金可发，吾牍而请之，然惧弗给也！"博士曰："公先之，士民有继者矣。"乃以所请六十全始事，建东西两斋，诸生幸毋雨立。随念启圣祠乃肃皇帝御制一箴亭，居学宫之后，湮没榛莽，莫迹其地。乃移祠于堂之左腋而亭其前，垒土为基，爽垲①焕奕②，傍宫地数武，故没于豪，夺而归之庠。浚沟以疏流潦，伐石为周垣，水不能啮，又垣而横于太泮之前，望之若屏，观视大肃。工业有绪，乃稍理两博士舍，曰："胡以为弟子师而居同偾庑哉？"然而，所请金不足当役之半，自令而下各有捐，邦人亦稍稍相劝输，乃其于学舍诎矣。谋税其余于民，而收其缗钱为缮费，诸废一新。既竣役，邑诸生某某辈请余为记。余自籍青衿，而游于斯，徘徊宫墙，穆然深念。乃今二十年来而睹有兹举也，令尹博士之功于此邦为烈矣。昔在草昧，闽号暗昏③，职方之籍，不比于中土。观察肇兴文教，乃阐引于今兹，愈炽愈章，迹往而谭昌明之运，启于一方，亦有其时。融自远代，彬彬称隆，入我明而南宫之举与公车之上，累累若贯，较闽初造，不啻昏旦。乃求勋名昭揭，齐轨前镳，与海内竞爽，学宫之掌故具在，亦邦人士所扼腕也。山川之气不尽于宣泄，则将有所储以钟其灵淑。今融士日盛，于闽为前茅矣。令尹博士，顺风而呼，视观察难易，倍蓰无算，融士修故业而光大之，值熙洽而赞休明，事半功倍，在此时也。有启而兴，有兆而合，良非偶矣。或者谓闽实多贤，乃其为闽重则建溪诸儒，明兴而俎豆④者四，闽无与焉，视往昔替矣。重闽在士，何可以不勉旃⑤？以余所闻，建溪之业，肇自道南，同时及门，实推信伯，固融产也。建溪引濛汜而中天，故于今昭烁。信伯再传而亦之，又再传而希逸，晨星没矣。源流正学，溯于前修。闽自建溪外，宜莫先融，绍明久晦之绪，以有辞来许，亦在此时也。夫修业有力，而遵道有仪，故国家建学造士之意，余是以并及之，以俟游兹地者览焉。兹役也，肇于辛卯岁季夏，其秋博士上南宫，再至而始讫功。令尹未讫而去，乃功俱可述矣。

〔注释〕

①爽垲：高爽干燥。

②焕奕：光彩焕发。

③暗旮：天将亮未亮之时。

④俎豆：俎和豆为古代祭祀、宴飨时装食物的礼器。后引申为祭祀、崇奉之意。

⑤勉旃：助词，"之焉"的合音。

阳歧江改复旧路记

叶向高

　　闽会城之南，有江达于海。其水自上流四郡千余里皆会于此，两山束之，故名峡江。怒涛激浪，急溜旋涡，险若瞿塘。自峡而上可二十余里，为阳歧江。水势纤缓，一苇可航。胜国以前，行者皆从此渡，称坦途矣。其后以兵乱榛芜，间逢虎暴，乃徙而由峡。路虽稍夷，而每值风波，辄葬鱼腹。即近者，隆、万间大比之岁，生儒溺死以千百计，行旅病之。欲仍复旧路，而人情因循，惮于改作，屡议屡寝。直指陆公来按闽，悉心民瘼，百废俱兴，检旧牍得前福清令条议，慨然叹曰："兹路不更，其毋乃委民于壑乎？"檄下郡亟图之，太守喻公躬往相度，如陆公指，而或者又难其费，甚且谓余规大田驿为坟。而创此议也，宪使陈公持之坚，方伯丁公力主之，以上陆公。公报可，且相与计兹役也，议论实繁，今决以两言，"不烦民，不改驿"，又安置啄。将鸠工，属丁公奉命抚闽，乃移渡于阳歧江，自江而南，剪棘甃石，夷高堙下，辟为周行者五十余里，为桥二，公馆二，铺舍六，亭一，徽庐①十，增渡舟八。埏垣材木，人徒之费，为金以两计者一千七百有奇，皆取诸没入之赀与两台赎锾，官不损帑，民不与闻。经始于辛亥季秋，告成于壬子之季春。较其道里，视峡江减十之二，自吾邑以至莆阳、泉、漳之往来于兹者，江行如陆，陆行如市，阳侯不惊，猛兽屏迹，万口腾欢，歌谣载道。而丁公、陆公复博访于众，谓取渡萧家道，缘吴山径达台江，尤为径便，惟沙洲稍隔，则浮桥淈柱之法可行，乃更为除道建馆，与阳歧路并存以待人之自趋。其计画周详，一至于此。

丁公以书来告余，使为之记。且曰："此事为道旁之舍久矣，断而必成，惟直指功，次乃诸大夫，不佞何力之有？自今而后，遵道遵路，无忘直指与诸大夫，以拟于台隶白堤，是在邦人。"余南向再拜稽首，曰："是惟中丞直指与诸大夫恤我闽人，出之鲛宫蜃窟而登之康庄，敢不世世拜赐。"因思三代王政，舆梁道路，无不置力。单襄公过陈，道茀②不治，即知其国有大咎③，况于百千万人之所跋涉？与冯夷争一旦之命，其为患害何如，而可恬然置之乎？昔交南七郡，泛海转输，沉溺相继，郑弘奏开零陵、桂阳道，交人赖之。杨厥通褒斜而罢子午，后世为凿石颂德。即吾闽万安桥之役，父老至今颂说蔡端明不置，千百载而下，此为再见。而今日之举，事半功倍，公私晏如，较之□代更为难耳!乃余于此有深慨者，夫夷险问之水滨，远近稽之道路，利害折之舆情，至为易辨，犹不免于悠悠之谈，几成阻格。盖人情多端，口语难信，天下事之困于议论，大较皆如此矣。此中丞直指所以大造闽也。

〔注释〕

①徼庐：古代士兵巡查时用的营舍。

②茀：杂草太多。

③咎：过失。

《福清县志》序

叶向高

　　福清海上之岩邑也。其幅员之广，户口之蕃，章缝之众，赋税之赢，盖闽中罕俪焉。胜国之时为州，至明仍为县。旧有志，久已浸灭，阙而不修者将百年。一二缙绅耆宿，如屏阳周公辈，慨文献之无征，稍罗网旧闻，捃摭近事，草具稿本，而润色未遑，诹订尚阙，及今又数十年矣。辎轩[1]之使，长民之吏，无从考故实而察民风，甚以为病。即百年来官师之治绩，贤士夫之行业，闺媛壶媛之贞标，率湮没弗彰，邑之人亦胥慨焉。屡谋修阙事而莫有任者。今令尹阆生王侯初下车，即问志于邑，不可得。欲以属余，余谢不敏。而侯亦拮据他务未暇及，且以余将应召命，遂不复言。其后知余无出山意，乃申前请，又延博士柯君凤瀛、林君东光、乡绅广文林君宏简，使董其事。以陈茂才绍祖中丞公之孙博学多藏书，有旧志数种，使任纂集。余虽不敢辞，而未几以上命敦促，不得已行。仅具城池、人物、烈女、武功数款，其他皆侯成之。余既自愧不能终侯之命，而又深幸百余年来邑人之所经营盼望欲举而未能者，一旦而勒为成书，征往诏来，是亦此邦不朽之盛事也。

　　往余为史官，旧睹金匮石室之藏，尝欲裒集[2]国家大政事、大兴革，分类论著，以昭示来兹，而竟以懒废。比退而田居，复欲博搜一邑之奇闻异行、暗汤弗彰者，著为里史，而亦未能就。盖余之有负于史职多矣。乃侯簿书期会倥偬目不暇给之时，而留神于兹，又去内召入计之期甚近，此其意岂寻常俗吏所能窥哉！

　　天下事通塞显晦，各乘其时。吾邑在汉无闻于《职方》，至唐人文稍著，宋则彬彬，明遂蔚然为梗梓[3]之邓林，瑶琨[4]之县圃⑤矣。即山川之奇丽，鸿濛以来所未辟者，今皆赫亦改观，拟于蓬邱琼岛，而又得贤令为之鼓舞表章，士类奋兴，山林生色，此亦千载休明之一时已。唯是生聚日繁，习尚渐靡，逋赋喜讼之风闻于四境，以为长史忧。而又鲸波时沸，戎备日隳，绿林潢池，藏奸伏慝⑥，按籍而征，利害得失之故，较若列眉。凡居是邦与有职于兹土者，其亦可以警矣！侯之所为惓惓，或在此欤？

侯徙自崇安，在吾邑仅两岁余，百废具兴，比岁大穰，拟为畏垒，他日必有纪循吏而祝庚乘者。余敬以兹志为权舆焉。

万历己未，大学士、邑人叶向高撰。

〔注释〕

①輶轩：古代使臣乘坐的一种轻便的车。
②裒集：聚集。
③楩梓：楩和梓是两种树的名称，后用以比喻栋梁之材。
④瑶琨：美玉。
⑤县圃：传说中神仙住的地方，在昆仑山顶。
⑥慝：邪恶。

重兴黄檗募缘序

叶向高

黄檗为宇内名山，梁江淹尝有题咏，如"阳岫飞鸾彩，阴溪喷龙泉。鸟鸣丹壁上，猿啸清崖间。"人传诵之。寺宇宏丽，高僧辈出。自唐以来，称大道场。嘉靖间，毁于野火。僧正圆募缘小院于旧址之后，复重茧走京师清藏，竟无由达，淹留八年，卒死长安中，人莫不哀怜之。其孙兴慈、兴寿等欲成其志，时余在政地，日来祈恳，余亦不能为力也。

甲寅秋，皇上以圣母升遐^①，恩慕不置，广为祈福，择名山古刹，分置藏经。海内共六处，而黄檗在其中。命中官王举赟^②送，给内府金钱三百两为路费，赐敕，俾往僧寺守护。余告中贵之掌司礼者："此荒山，梵宇久废，不足以烦中使者，不如使僧自赉之为便。"司礼云："此圣上孝诚至念，且欲使人观彼中山川形胜，谁敢阻之？"余时已得请归山，遂先行。中贵行至淮，为盗所劫，尽亡其金，困苦不支，赖浙中丞刘公给以邮符，乃克致命，卒事而归。

夫兹山自开辟至今，不知更几千万年，始得圣天子被之宠灵，不难遣中使，发帑金，跋涉万里而来。煌煌帝命，宏耀于重岩深谷之中，父老儿童，莫不奔走聚观，以为旷古盛事，微独山灵之幸，亦吾乡里之光也。而祇林鹿苑，鞠为蒿莱，贝叶琅函^③，珍藏无所，委君命于草莽，宁非吾邦人之过欤？

或者谓佛教荒唐，儒者所辟，不宜崇奉。不知宇宙间既有此一种道理，自不可废。以高皇帝之神圣，犹传其说。余在留都，见其刹名田遍满畿甸，皆高皇帝所给赐也。黄檗之为道场，已数千年，重以今天子之命，可不恭乎？而正圆以区区一老衲，欲行其志，虽死不悔，其孙卒能成之，亦足见彼教之有人，而天下事苟有必为之志，天亦为动，无终格者。顾寺宇之兴，非独力所能就，余谨出此以告于四方之善信，知发心乐助者必多，扬宠命而答山灵，将此举聊尽臣子之道。其福田因果，彼三藏中彰明较著，不待余为赘矣。

〔**注释**〕

　①升遐：升天，帝王、皇后去世的婉词。

　②赍：抱。

　③琅函：书匣的美称。

东游漫记

叶向高

　　余居之东际海，为万安所，相距可再舍。时欲往游而不果。近欧太学世叔复为余言：万石山之胜，俶诡奇绝，宇内罕有。游兴益动。询之人，多谓道远且崎岖难行。世叔使人来约余，遂决策。以闰四月之七日就道，至福庐山宿。晨起，与薛文泉、施蒙冲偕，午饭至东皋山，行十余里，过东瀚，林氏聚族焉。其地腹背皆受海，只以一线渡，阔仅数丈。屋宇鳞次，衣冠济楚，亦壮乡也。又行六七里，至文林。过此则遍山皆石，千态万状。周回可数十里，计宇内山石之多而奇，未有如是也。山故未有名，其名万石，世叔所定也。又二十里至万安所，世叔与余戚许千兵、寿官郭元昆及诸弁^①皆来迎，入住观音阁。阁在山巅，与城中最高处，三面负海，甚险固。极目微茫，吞天浴日，岛屿点缀，错落如星辰，帆樯往来，出没波浪间，真宇内第一奇观。是夜饮世叔家。初九日，往城外观浮图。因周行城上，观渔舟举网，不减梁之乐。初十日早出万安，舟行可十里，至佳塘登陆，游灵栖岩。午至磐石。主人林姓，兄弟二人皆质朴有古风，道余及蒙冲、世叔与世叔侄茂才季文游四凰山。巨石层垒，穿其罅，曲折回环，杳无穷际。遇道绝，则缘岸蒲伏，借人肩以受足，欲踣^②数回。蒙冲不能从而返，惟世叔、季文与余鼓勇遍历。许千兵携酒具饮主人家，宿焉。晨起，主人复饭余甚虔^③。去至宏溪，田舍数家，门径楚楚，溪流环绕，令人有武陵源之想。舍后有两石对峙，一石嵌其顶如桃，故名桃洞。洞前嘉树数株，清荫数亩，藉草小憩。恨不移向福庐山与榕台作伴。山巅有石峡，颇类福庐三天门，而宏敞奥邃不能及也。行三里许至茶园，有地甚坦平，可二十余亩，旧为护国寺种茶处，世叔欲创寮，余谓形势不佳，别为相地于其左，四山环抱，隐然一洞天，世叔大称赏。余遂捐三金买之，以付茶林僧，听其开创。茶园去护国寺仅二里，道旁有石高丈余，酷似仙人掌，下一石承之如龟趺，其合缝处甚细，少无参差，非斧凿所及。余行天下，惟福庐石胜与此耳。护国寺遗址甚宏壮，今已颓废，重建法堂仅数楹。寺后岩壑甚多，为万石最高处，登之则四望了然。夜宿寺中，至十二日赴东瀚亲友之招，世叔、季文、千兵送至文林而别。东瀚林寿官爱梅子上舍升初、仲子、仲学及诸生举岩、贯鲁、瑶林、左台辈皆谒，邀寓其宗祠。闲步至江灵庵，殊厄塞不足游。次日往观文昌祠、观音堂、九仙楼，皆雄丽可喜。次日登东金山，山之高可千仞，大壤、驷垣居其两腋。吾邑自黄檗发龙，蜿蜒东行可二百里，南北海夹之，大小练、钟门、海坛诸山环其左，壶公、青山、南日诸山绕其右，而东金当龙将尽处，三峰顿起，四首拱抱，其外为万石山，则堪舆家④所谓曜气耳。古老相传，"海外卓起三神山，五百年后出高官"，以今验之，诚然。山既高，复为海气薰蒸，十旬九雾。余登至半山，即行雾中，水溻溻自面落。抵东金山寺少憩，寺久废，僧藏重创，随化去，其色身尚在。少顷开雾，遂登绝顶。自莆阳、福清以至吴航，数百里山川，皆在目中。下视万安城及远近岛屿村落，皆如蚁封蜗壳，不觉狂呼称快。盖吾邑诸山，虽有高者，而皆去海远，敛于骋望，独此山耸立海上，四环无障，故目境最寥廓。余尝登岱宗，恨不见海，今豁然矣。下视一二村落，亦自成趣。三宿林祠，诸姻亲皆设宴欢饮，以十五日归。

此行往返旬余，尽吾邑东南之胜，偿数十年之夙愿，无复遗憾。惟此万石山之奇，为洞为岩为堂为奥为窍为突为穴为窟，焕若神明，俨若幻化者，在在皆是，不可胜穷。即世叔《笔啸集》所叙述，游履亦未至，恐山林所诮。往世叔言余，万石胜于福庐。由今观之，二山之恢奇怪谲，玲珑空洞，大率相类。其稍异者，福庐之石，不如万石之多。然万石散而福庐聚，聚则易游，散则难及，吾恐万石之以多累耳。世叔曰：子之力尽于福庐，不能复及万石，故以此自解。余无言，遂记之而记以诗：

同欧世叔自茶林泛舟至佳塘

来问佳塘路，还寻横海舟。浪花迎棹散，云影带帆流。
岸阔潮初落，天空气欲秋。不缘贤地主，到此亦何由。

自磐石登四凰山

磐石游方适，移筇到四凰。岚烟浮远岛，海日上扶桑。
曲折皆穷窦，崎岖更陟岗。平生耽胜赏，险抱亦何妨。

游磐山饮主人家

探奇来谷石，风景亦悠然。宅倚岩边树，人耕石上田。
地偏无客到，洞古有龙眠。村酿真堪醉，何须挂百钱。

游宏溪观桃洞

途行多怪石，于此见溪流。况复松荫密，兼之桃洞幽。
午风来曲径，疏雨过平畴。乐事无人识，惟应野客游。

登东金山大雾忽霁

披雾陟层峦，岚烟扑面寒。罡风吹不散，旭日照初残。
忽见千峰霁，方知大地宽。蓬壶看咫尺，挂席亦何难。

[注释]

①弁：低级的官。
②踣：跌倒。
③虔：恭敬。
④堪舆家：看风水的人。

福清县城记

陈仕贤

闽八郡东南衽海，外控乎倭。福清滨海为邑，舟上下广浙，群不逞凭之出没，固要害之地也。邑虽未始有城，然曲防尽制，守在四境，迨^①后海备浸^②弛，贼艘俟间辄入。我曹无一堑之限，虞^③患于微，识者隐忧。正德癸酉，邑令朱侯衮营四门：北曰"玉屏"，南曰"龙江"，东曰"文兴"，西曰"双旌"，顾时诎而城未及也。

嘉靖壬午，浙寇既猖，闽壤为震。大中丞王公忬奉玺书抚临，经略折冲，威行远迩。乃询利病，饬儆备，谋于巡台侍御赵公孔昭曰："捍外卫内，莫先城守，其亟城诸滨海未城邑便。"赵公念民已劳矣，不可重以费，计资之公帑。于是左方伯刘公宗、金宪汪公泊、宪副卜公大同、郡守翁公五伦，调度处给，载临规画，驿闻于朝，而城举焉。

维时福清邑簿吴君璁署篆事，承命经度，众虑未一。会稽钮侯纬以台谏夙望转令兹邑，至则毅然身任之。乃属耆老，谕以诸上台德意，按籍分庸募工授直，简邑之官练而良者分董之，时躬督而赏罚焉。众工竞劝，百堵偕作。周城凡九百八十余丈，基厚十有二尺，崇十有八尺。东临田者加隆之。水关二，窝铺二十，内外藉以夹道，楼橹雉堞^④，翼翼将将，屹然一方巨镇矣。

经始于甲寅春三月，迄十月告成，为费帑金一万四千百十有奇。邑之士民佥曰："城以役民，民是用保，役有均矣，财出于公而民罔费，工均其役而民忘劳，政有纪矣。是谓贤者所兴，吾融其永孚于休欤！"乃从而胥庆于侯。侯曰："圣天子之赐，当道诸公之力也，吾共命焉已。"于是相与颂曰："城之兴偕作百堵，桑土彻兮未阴雨。城之成爰得我所，今此民兮孰敢侮？诸君子兮勋德千古。"谓其可以乐成，信夫！吾邑因陋千有余年，一旦举而城之，以为吾闽捍蔽，固诸公伊濯之功。然非侯之肃肃贤劳孚⑤于上下，又何以不扰而集不哑而成也哉。

夫城廊为固，设险大端，修政和民，不忘儆备，体险之在用也。兔罝之于城，晋侯之保障，昔谈尚之。善治者不徒恃其城，而思图其本，则地利人和，外侮自息，斯城于融其不永赖无疆耶？

是役也，邑丞某、簿某、尉某暨学博某，咸与赞相，乐观厥成。乃申士民之情，请纪厥功以永宪于石，以属余。余邑人也，谨述始末，用告嗣守者，尚图体险以消患于未萌云。

〔注释〕

①迨：等到。

②浸：逐渐。

③虞：忧虑。

④雉堞：古代在城墙上修筑的矮而短的墙，守城的人可以借之保护自己。

⑤孚：使人信服。

〔作者简介〕

陈仕贤，字邦宪，福建省福清人。嘉靖壬辰进士。岁已亥，知杭州。器宇汪洋，喜愠不形于色。奉职循理，不激不随。典大郡，清操愈励，衣不重彩，食无兼味，务瘠已以佐百姓。后十年为浙左辖，兼为广客，耻以法绳群下，清白之操，始终无间。仕终副都御史，祀名宦。

重建福清邑堂记

王一言

明
代

　　福清为邑虽旧，其为今名则始于后唐长兴癸巳。其堂今址，则元大德己亥重建也。嘉靖戊午毁于倭。越丙寅春，南粤叶侯莅治。期年丁卯，为隆庆改元，于时兵靖岁稔①，民堵渐兴，侯曰："治民事神，国之大事，章备物采，业已新诸学宫庙貌，而公堂莅民阙焉未复，非所以树表仪而肃政体也。"乃测堂址，为戊子中针，实空亡之位，堪舆家弗吉。于是陟鹫峰之巅而景之，厥冈艮亥，百泉逝卯，爰用丙针向丁而位，则枕鹫峰而案玉融矣。盖玉融为邑镇名山，有孤峰万仞形势奇绝之胜，稽志即宋熙宁旧址也。作而曰："复古建治，所以庇民，位署咸称，允宜兴作。"乃请于御史大夫涂公，御史王公暨诸司，曰："可。"爰发帑金以佐焉。而邑之父老咸率子弟以趋役，侯命诸属之彦者而赞襄以视之。惟勤惟慎，惟侯之心。以六月八日平焦土而堂之，爰及寝宇，譙丽、吏舍，坊屏翼然。并新辟两旁各三丈，筑引道作东西行，其宾主等级，伟然大观，视昔之宏壮不啻倍之矣。

　　余唯幽之雅，相阴阳，观流泉，陟降冈原，无非为民计也。邑之人物最盛于宣和、淳熙之间，以道学显者五人，以文章显者三十余人，以忠孝节义隐逸显者二十余人，以布衣召对上殿者二人，他如宰执科目之盛，神童技艺之流，不能一二数。议者谓表中立极，百里之所合气联命者，向背阴阳之得失，而气随应之，和气成象，故至人出焉。若夫营卜之，则存乎其人耳。

　　侯之先大夫曾视篆于兹，雅有善政，且习堪舆家言，每低徊玉融间，侯时以弁髦②而识之，乃今官兹地而克成先志，卜吉得宋故址记，即毅然思复。当兵燹之后，百费惟艰，而廉以约物，敏以敷猷，其夙夜鞅掌，多方缉助，虽拮据之劳不烈于此矣。故民力竞劝，若罔闻劳，不数月而告成，以复五百年之盛美。父老扶筇往观，啧啧而叹曰："此童时习闻宋之威仪若此也。"邑人大悦，而白予记之。噫嘻，侯自莅政，正己率下，杜请谒，清卒吏，省徭役，平狱讼，抚疮痍，赒③寡弱，崇礼教，励谣俗，退陬④穷阎⑤无不乐业，陂塘楼橹百废具举。其所以保民者至矣。而兹役之兴，尤其善政之大者尔。侯先大夫名春芳，由选贡为古田丞。侯名梦熊，字兆男，龙塘其别号也，以乙丑进士任惠州，归善人。

〔注释〕

①稔：庄稼成熟。

②弁髦：弁，黑色的帽子。髦，童子眉际垂发。后以"弁髦"比喻弃置无用之物。

③赒：同"周"。

④退陬：退，远方。陬，角落。退陬意为偏远的地方。

⑤穷阎：偏僻的里巷。

〔作者简介〕

王一言，字行恕，号空斋老人，福清修仁里人。明嘉靖十四年（1535年）进士，初任行人司行人，嘉靖十九年升户部员外郎。著有《怀德堂集》。

福清宋元儒学志

郭万程

　　儒学旧在宋西城门儒学坊外，时先圣像寓于三礼堂也。前为西溪，奉礼郎林仲雅子孙高、概、希、旦、邵、颜、开、辈登第，故为儒学。林氏，其盛在嘉祐间。是时登第者游冠卿为本路提举，输地为庙，乃移邑治之左。元丰元年，以其庳隘未称，广之为学宫及经史阁。元祐七年，令方叔完又广而新之。东西十二丈，立三斋于阁前，曰"亲仁"、曰"体人"、曰"武士"，又立小学于南隅。至崇宁初，官舍四十八区，殿宇宏敞，庭庑轩翼，两廊各百三楹，益遵道堂五间于殿后。

　　宣和始祀郑侠，立先贤祠于学后。乾道二年，令孙致、丞林枡新小学。四年后，令刘敦立四斋于遵道堂前，曰"持志"、曰"博约"、曰"立爱"、曰"时中"。重立经史阁，购钱塘书籍储之。立文会堂于三斋前，昔郑士宗所输地也。下列直舍直学，位在大成门左，即主学厅旧小学地也。学宾位在右，教谕在门内东西。其后又设东西学正、学录各一位。从祀有堂，祭器有库。但学门庳隘西向，而萦于民居。其额蔡京所书，至是拓张九龄以易之。淳熙二年，门及民居灾，令范处义与民两易，大门坦出，旌马诸峰排闼①而入，士民大悦。邑人少卿林栗记之。三年改学右坊曰"东学"，学门坊曰"由正"，而取庙学共由正路之义也。又易县左塘东民田，凿而横门为大泮，立采芹亭三间于上。七年，令张居易重缮垣墙，立登龙亭于大成门外，而为献官更衣所。

　　庆元四年后，令林孔昭新小学，广五丈七尺，深二丈二尺。嘉定元年，令朱元庆亭于庙学前，初名"浴沂"，而改"绿光"焉。

端平二年后，令了植于东隅立隆儒坊。淳祐九年，令方械立先圣像，范锡为祭器，贮大成门内之右。井、湢②、庖③、溷④咸具于门外左，宾客有位于文会堂右，学舍在学谕右侧。废绿光亭，以玄武伤也。

元至元三十年，尹曹琏像七十二贤于殿下左右。元贞元年升为州学，廉访使程文海书额，副使商晦立之。大德三年，知州毋逢辰即经史阁址创堂二：左曰"道立"，右曰"帅正"，遂以为斋。及立学宫房舍于东偏，统遵道堂前所建四斋，共为六。延祐四年，知州潘允迁从祀于两庑。五年，州判乃麻歹以殿前庭狭，移大成门于南，内立肃容、聚敬亭于左右。泰定四年，知州贾思恭新两廊，其规制亦备矣。但礼右庙左学，兹殿于堂前，堂崇殿三尺，诸生列舍居两庑从祀，上而类梵宇之制焉。至正九年，知州林泉生复学之东塘。十一年，乃构讲堂于殿左，东西有序，东为正蒙斋，西为进德斋。南甃⑤小泮⑥，立丽泽亭于石梁，而咏归亭当东斋后。兴文祠在层舍对列，其前当旧庖、湢、井，北树塞门，直门为大小学内向，明事师者北面也。折而西则学门。由堂及门，屋七十五间。堂后为夏屋，殿庑东南为教官廨宇⑦，初杂处大成门内外，遵道、文会堂左右，至是有定职矣。

训导厅宇，一在东斋下，一在讲堂左。文昌祠、先贤祠俱堂后，仓于先贤祠后，射圃⑧又其后也。殿因北麓而崇其基，楹以巨石，为屋四溜，深如其广，四阿为连庑两间周殿，以遵古制，其雄邃甲诸邑。未僝功而去。

十二年，知州申国辅复新两廊及从祀像，作戟门⑨五间于殿南，神库在其东，神厨、养牲所列于大小学南。戟门之前为棂星门三间，外为文庙门，门内折而东入学。学不南门，为迎西山川之秀也。次年，泉生以兵来观厥成而记之。其三礼堂时为三皇庙矣。

〔注释〕

　　①排闼：排，推开。闼，小门。"排闼"即推开门。

　　②湢：浴室。

　　③庖：厨房。

　　④圂：厕所。

　　⑤甃：用砖砌（井、池子等建筑物）。

　　⑥泮：指泮宫，即古代的学校。

　　⑦廨宇：古代官吏办事的地方。

　　⑧射圃：练习射箭的场所。

　　⑨戟门：古代军营的门，后引申为显贵之家或显赫的官署。

〔作者简介〕

　　郭万程，字子长。明代福清化南里人，后迁居海口。嘉靖十四年（1535年）登进士，授刑部云南司主事。年仅三十二卒，囊无一钱，都谏薛廷宠为之治丧。为文力追西京。于福清地志、山经、耆旧、沿革尤详尽。有《子长集》四卷和《福清辨》《福清儒学志》《词科考》《儒林传》《玉融山图记》《海坛记》《南日记》和《小练记》等著述传世。子郭遇卿，嘉靖丙午解元。嘉靖末倭掠福清，率乡兵御之，颇有斩获。戚继光入闽，甚器重之。戚北上蓟门，从之。提兵擦崖，立功白羊峪，旋迁遵化守备。条上《车战六议》，悉于施行。后以母老乞归。著有《蓟昌图说》六卷、《车战考》四卷、《汉玉考》一卷、《龙洞居士集》二十卷（一说五卷）。郭造卿，遇卿弟。避倭游历吴、越。时戚继光镇蓟门，延撰《燕史》，未竟而继光去，乃留竣事。后归闽，卒于家。著有《燕史》一百二十卷、《玉融古史》十卷、《九边要略》、《卢龙要略》四卷、《上杭县志》七卷、《碣石丛谈》八卷，还有《临汀志》《忠烈祠略》等著述。郭应宠，字汝承，造卿子。万历三十一年（1603年）举人，授巴东县令，卒于官。有《吾兼斋集》等著述传世。郭应响，万程孙，万历三十四年（1606年）解元，天启五年授祁州刺史。崇祯二年擢刑部员外郎。后转户部，督理甘、固粮储，兼三边赞画，驻节兰州。一日贼三千余突至，应响急率家丁六七人御之，众寡不敌，竟以身殉。时崇祯五年二月。著有《四书讲解》《五经注释》《管子钩玄》《鸿烈精诠》《进呈刍言》《镇车末议》《兵法要略》《若谷集》《序战金针》《一希瓦笔存》、《玉融新志》。郭文祥，字孟履，应宠子。崇祯十三年（1640年）进士，授胶州知州。时有逆虏犯境，文祥组织军民御之，五战五捷。后以母丧，丁忧归。明亡，隐居黄檗、灵石山中，以啸吟自娱。康熙十一年知县李传甲请修《福清县志》十二卷，另著有《福唐风雅》《玉融人物志》《诸名胜志》。

游瑞岩山记

欧应昌

明代

新安里有山曰瑞岩，在龙江之北三里许，而距余茶林则百余里也。余小子生茶林二十九年，得游兹山者凡几，似与山灵旧有缘耳。

兹岁闰三月，至镇城，游迹为约者滞。越四月十日，友人谢寓中来约余游，余念此中索莫久，喜欲狂矣。十一日雨，明日又雨，寓中走人持八行，约又明日，且云："当裹五日粮以俟晴望。"余诵之又喜也，作书报之。入夜则月色满阶矣。侵晨，至寓中斋头，雨师复作炉，因偕林皋卿、黄启翰、郑无争毅然携雨具往，主人尾之。

出镇安门，海雾蒙蒙，世界都白，唯路上落花红粘屐齿耳。里许，至东岳庙，雾气稍霁，雨亦渐收。见人影在苍翠中，乃为岩僧宁上人来，因余辈游，复偕返，游兴为之顿增。又二里许抵瑞岩山下，过滑苔桥，寓中指桥下污邪，曰："此旧种白莲处也。"余谓沧海桑田未足深怪，第令千年佳胜为一片淤泥，可恨也。

转桥北径行，旁有醉石，醉石长松数本，团翠袭人，一种幽绝便与市廛^①隔若千里。一入佳亭，菁葱映面，雨珠从树梢坠下，泉韵琮琤，作玉佩声。亭边掬水绕流，仿兰亭遗迹云。

先至弥勒堂，堂有石弥勒坐像，高数十尺，天然妙相，丈六金身不如也。由堂后望三片石，达瑞岩寺。宁上人先从寺径入，余数人到寺，而上人新茗已出松厨矣。

坐禅房少顷，微日照窗，门外禽鸟声相续。出寺天划然开，云如席卷，诸峰尽出青芙蓉，喜甚。

由穿云洞出海天空阔亭，复由亭右入观音洞。洞为巨石嵌成，中有大士像，故名。石上多宋元时刻，藓苔绣织，雨气润之，甚模糊不可读。洞之石有桥，曰过来桥。从桥上出虚旷处，悬崖陡削，仅一片地如几席，即前朝半边亭址也。折而西，有一石户，偻背方得入内。磕磴垂梯，蹑之而上，出于洞之顶门。巨石，坦者可坐，如立壁者矮石为轩，断崖者架石为桥，竦然竖者，镌曰"独醒"，小石塔表之。凌风超忽，飘然欲仙，海色茫茫，睇之有宇宙外想，亦一奇区也。

寓中促余亟游新洞，从故道而下，出观音洞，欲入天妃宫不果。由山径行，蹲虎石在道左，生气凛然，令人毛竖。陟山径至巅，窈窕峰在焉。旁为蓬莱峰。纡行百余武为望阙台。读少保戚公诗，不觉心壮，因与皋卿诸丈坐石盘，谭少保开新洞事，意少保当海氛告急，以贞忠实绩再造吾闽，戎马羽书，劳亦甚矣，顾暇鼓其余力，迹秘洞而辟之，别洞名而镌之，间复杂以题咏，令兹册之烟云生色，洞壑扬声，而昔人未毕之志，一旦赖以有成，真为宇宙内一大伟人，宁直以勋业名世者耶？皋卿曰："丈夫雄心既展，不寄怀山水，便使宦情俗矣。"语讫，下抵飞来岩，岩即台之石背，虚出数丈，宛若飞来者。岩下可达大洞天，行三四折，皆崎岖曲磴，四围乱石奔拥，石隙处邃险莫穷，灌莽交错，虫声鸟语，乍寂乍喧。至洞一番旷朗，遂就饭焉。

洞之底，玲珑盘曲，有窦可穿，名冲虚洞。饭已，欲一入，乃宿雨初消，窨泞倍昔，竟止。

由歧径登蹑至振衣台下，台峣然一石，旁一石如偃月状，就石凿级，峻不可登。因命一奴先，余与诸丈后先接袂，相顾咋舌。至上，大发一笑，险阻为坦夷，恐怖为欢喜，一瞬之顷，成两截境，而人心亦随之矣。极目远眺，景象超绝。辰山、文殊障其北，黄檗、石竺表其西，覆釜窥其足，网山、钟山峙其南。高者若拥，低者若承，浮突者若云蠹波涌，凌骛者若鹤翥鸾翔。且玉融一水，若白虹，若素练，萦回数里，拂龙江桥下而东趋。山下阡陌连壤，在在村落若棋田置，若星罗，烟火相望，鸡犬声相闻，田原白鸟，共起齐下，倏而林树点白，倏而沙洲迷色，随景会心，种种佳胜，盖有不能既者矣。下为醒心泉，一掬泠然②，饮之，凉如冰沁。复下为归云洞，戚公洞记称其开爽邃寂，真避世修炼之区。顾甚芜秽，怅恨者久之。

即出洞，蹒跚而上，历悬石窦、小洞、醉仙岩，度石门、仙穴，穿还丹洞，屈伸俯仰，惟石含砑石因碏之所为，而新洞之奇殚矣。行到镇远亭，谢伯明、陈郢客、僧海宁先已具酒相待，慰劳良苦。余曰："差胜人世坦途耳。"酌于亭之废址，抚景嗟悼，至有不能喻之于怀。因浮三大白而起，探观海窍，叹异其奇，遂赋古体为林皋卿，以海窍为皋卿自号云。

归寺，余兴未阑，仍从寺后达九仙楼。楼颓敞无梯，攀跻上之。谒九仙毕，搜壁上题咏，有佳句辄引无争手录之。无争是夜宿山中，送余辈桥头而别，遂仙凡判俄顷矣。

嗟夫！山川之趣亦因年而悟。余乙巳来游，年尚少，遍览诸胜祗为寻常。兹阅五六年所，渡琉球，走燕赵，历变故，急衣食，尝异国之风波，涉世途之荆棘。故是游也，披榴翳，陟巇峨③，望江山，访壑，皆有以增其逸宕之气，散其穷郁之思，重其古今顿殊之感。虽莺鹩④之抢地贻笑于图南⑤，河伯⑥之望洋自失于海若⑦，然趣具在我，即登诸嵩、华、衡、霍，游诸孟诸、彭蠡恐不出此。因为是记，俟后来之趣较若何也。

万历庚戌四月既望，莲汀居士欧应昌记。

〔注释〕

①市廛：古代指平民居住的地方。

②泠然：形容声音清越。

③巑岏：山高峻的样子，这里指高峻的山。

④莺鸰：两种不能高飞的小鸟。

⑤图南：南飞。比喻人的志向远大。"（鹏）背负青天……而后将图南。"（庄子《逍遥游》）这里借指大鹏。

⑥河伯：中国古代神话中的黄河水神。

⑦海若：中国古代神话中的东海海神。

〔作者简介〕

欧应昌，字世叔，号遵于居士，明代福清县万安茶林人，生卒不详。

修瑞岩山志引

欧应昌

　　夫名山之著，由乎哲人。胜志之存，征于文献。故瑞岩山水，自古若也。团圆隐，始列一郡之名区；岩洞辟，遂为千年之胜迹。顾世代递更，流风久邈①，废兴靡②定，名迹易湮，夫山灵固自幸不幸者焉，而人世之游亦难矣。东海之夫，逐臭忘还；丘陵之子，驰妄多歧。订烟霞者，或盟寒于同志；诎贫病者，或违愿乎素心。又有冀死灰之一燃，而后仿东山之逸兴；意河清之可俟，而后蹈绿野之高踪。于是居篱壁而令芳杜厚颜，过车辙而令青松失色。甚而风景未经，形骸或谢。蒙笑山灵，贻讥哲士。悲夫！故有随时取适，寄杖履于溪山，则许掾、谢傅之流也。即景兴怀，托咏觞而感慨，则赤壁、兰亭之侣也。人代不同，怀抱一致。倘兹山一时之胜事，而今化为百劫之残灰，则亦非山林之幸也，故志不可阙焉。

　　余小子家连海峤③，兴感有年，惟不敏，不敢滥觞斯役。兹岁夏月，友人谢寓中两邀余游，而余又两属意焉。六月一日乃裹粮山中，与林皋卿、谢寓中搜名胜于幽丛，探遗踪于绝巘，两经弦朔，积而成帙。顾闻岩旧有志，辑于元至正间，陈积中英。至我明成化，挥使丘公又重梓矣。然皆蠹蚀烟销，不可复得。后得残编于镇东傅氏，阅之，乃旧时诗刻，而非所谓山志者也。因敢出其散帙，条析而论次之。务抉山川之閟，而阐其奇。至于艺文一志，虽剥之苔封藓蚀，访之黎献名集，而采拾所得残编，并林明时手授者为夥。间或谬有裁取，亦期有当于山灵。漏万之讥，尚白之嘲，真无以自解耳。事竣，方越俎是惧，而文学林皋卿诸知己，遂为付之枣梨，余亦惧焉。惟是文献赖以有征，哲人因而不朽，实诸知己成之也，余小子直藉此酬素志也。

万历三十八年庚戌七月七日，世叔欧应昌谨识。

〔注释〕

①邈：遥远。

②靡：没有。

③峤：山道。

《徐霞客游记》节选

徐霞客

　　浙、闽之游旧矣。余志在蜀之峨眉、粤之桂林，至太华、恒岳诸山；若罗浮、衡岳，次也。至越之五泄，闽之九漈，又次也。然蜀、广、关中，母老道远，未能卒游；衡湘可以假道，不必专游。计其近者，莫若由江郎三石抵九漈，遂以庚申午节后一日，期芳若叔父启行，正枫亭荔枝新熟时也。

　　二十三日始过江山之青湖。山渐合，东支多危峰峭嶂，西伏不起。悬望东支尽处，其南一峰特耸，摩云插天，势欲飞动。问之，即江郎山也。望而趋，二十里，过石门街。渐趋渐近，忽裂而为二，转而为三；已复半歧其首，根直剖下；迫之，则又上锐下敛，若断而复连者，移步换形，与云同幻矣！夫雁宕灵峰，黄山石笋，森立峭拔，已为瑰观；然俱在深谷中，诸峰互相掩映，反失其奇。即缙云鼎湖，穿然独起，势更伟峻。但步虚山即峙于旁，各不相降，远望若与为一。不若此峰特出众山之上，自为变幻，而各尽其奇也。

　　六月初七日　抵兴化府。

　　初八日　出莆郡西门，西北行五里，登岭，四十里，至莒溪，降陟不啻数岭矣。莒溪即九漈下流。过莒溪公馆，二里，由石步过溪。又二里，一侧径西向山坳，北复有一磴，可转上山。时山深日酷，路绝人行，迷不知所往。余意鲤湖之水，历九漈而下，上跻必有奇境，遂趋石磴道。芳叔与奴辈惮高陟，皆以为误，顷之，境渐塞，彼益以为误，而余行益励。既而愈上愈高，杳无所极，烈日铄铄，余亦自苦倦矣。数里，跻岭头，以为绝顶也；转而西，山之高峰复有倍此者。循山屈曲行，三里，平畴荡荡，正似武陵误入，不复知在万峰顶上也。中道有亭，西来为仙游道，东即余所行。南过通仙桥，越小岭而下，为公馆，为钟鼓楼之蓬莱石，则雷轰漈在焉。洞出蓬莱石旁，其底石平如砥，水漫流石面，匀如铺縠。少下，而平者多洼，其间圆穴，为灶，为臼，为樽，为井，皆以丹名，九仙之遗也。平流至此，忽下堕湖中，如万马初发，诚有雷霆之势，则第一漈之奇也。九仙祠即峙其西，前临鲤湖。湖不甚浩荡，而澄碧一泓，于万山之上，围青漾翠，造物之酝灵亦异矣！祠右有石鼓、元珠、古梅洞诸胜。梅洞在祠侧，驾大石而成者，有罅成门。透而上，旧有九仙阁，祠前旧有水晶宫，今俱圮。当祠而隔湖下坠，则二漈至九漈之水也。余循湖右行，已至第三漈，急与芳叔返。曰："今夕当淡神休力，静晤九仙。劳心目以奇胜，且俟明日也。"返祠，往蓬莱石，跣足步洞中。石濑平旷，清流轻浅，十洲三岛，竟褰①衣而涉也。晚坐祠前，新月正悬峰顶，俯挹平湖，神情俱朗，静中汍汍，时触雷漈声。是夜祈梦祠中。

……

初十日 过蒜岭驿，至榆溪。闻横路驿西十里，有石竹山，岩石最胜，亦为九仙祈梦所。闽有"春游石竹，秋游鲤湖"语，虽未合其时，然不可失之交臂也。乘兴遂行。以横路去此尚十五里，乃宿榆溪。

十一日 至波黎铺，即从小路为石竹山。西向山五里，越一小岭。又五里，渡溪，即石竹南麓。循麓西转，仰见峰顶丛崖，如攒②如劈。西北行久之，有楼傍山西向，乃登山道也。石磴颇峻，遂短衣历级而上。磴路曲折，木石阴翳，虬枝老藤，盘结危石，欹崖之上，啼猿上下，应答不绝。忽有亭突踞危石，拔迴凌虚，无与为对。亭当山之半。再折，石级巍然直上，级穷，则飞岩檐覆垂半空。再上两折，入石洞侧门，出即九仙阁，轩敞雅洁。左为僧庐，俱倚山凌空，可徙倚凭眺。阁后五六峭峰离立，高皆数十丈，每峰各去二三尺。峰罅石壁如削成，路屈曲罅中，可透漏各峰之顶。松偃③藤延，纵目成胜。僧供茗芳逸，山所产也。侧径下，至垂岩，路左更有一径。余曰："此必有异。"从之，果一石洞嵌空立。穿洞而下，即至半山亭。下山，出横路而返。

是游也，为日六十有三，历省二，经县十九，府十一，游名山者三。

〔注释〕

①褰：撩起（衣服、帐子等）。

②攒：聚集。

③偃：仰面倒下。

〔作者简介〕

徐霞客（1586—1641年），名弘祖，字振之，号霞客，明朝南直隶江阴（今江苏江阴市）人。明地理学家、旅行家和文学家，地理名著《徐霞客游记》的作者，被称为"千古奇人"。徐霞客一生志在四方，足迹遍及今21个省、市、自治区。"达人所之未达，探人所之未知"，所到之处，探幽寻秘，并记有游记，记录观察到的各种现象、人文、地理、动植物等状况。他经30年考察撰成的60万字《徐霞客游记》，开辟了地理学上系统观察自然、描述自然的新方向，既是系统考察祖国地貌地质的地理名著，又是描绘华夏风景资源的旅游巨篇，还是文字优美的文学佳作，在国内外具有深远的影响。

游黄檗山记

吴钟峦

　　黄檗山寺，福唐丛林之最著者也。岁丙戌，余避地来，黄檗在耳，以道枳，弗克①至也。丁亥移寓迳江，黄檗在目，以溽暑弗即至也。七月之望乃至焉。同林□□□踊陵涉溪，境渐以深，可十余里，数折至山，又数折至寺。寺在翠微，松竹森蔚，望之已居然胜境矣。入寺，群峰回合，梵宇庄严，为宝殿，为转轮藏，为香积厨，为僧众寮，结构都备。殿后历数十级而上，上为法堂，为方丈，为客堂。堂中有叶文忠公像。临高望远，心目敞豁，遂栖宿堂左。二友谈："山有九潭，一潭最胜。"余兴勃勃。明日阴雨，雨不止，又弗即至也。雨窗无事，俯仰榱桷②，见文忠公游绝顶诗，叹曰："公太平宰相也。公罢相后，珰祸矣。公捐馆后今日矣。昔之游者，非今日之游者也。"因步韵为诗，以寄感慨。越日雨稍霁③，余曰："盍行乎？"(中缺)迄于今甲子周，而事始稍稍竣也。斯不亦毁者易，而成者难乎？岂不在人哉？呜呼！匪直寺也，国之所以废兴存亡者亦然。文忠有知，当三叹于九原矣。于是为之记。二友为：林雷先，名起震；林惠风，名介。王子字秉肇，名家基，余季子名裔之，字公及。

〔注释〕

　　①克：能。

　　②榱桷：方形的椽子。

　　③霁：雨后或雪后转晴。

〔作者简介〕

　　吴钟峦，明代人。江苏武进籍诗文家、学者，南明鲁王礼部尚书。

黄檗种松记

张成梁

山之有树，如人之有发然，炫服盛妆，而头乃童然，岂足为美哉？否则数茎髻松①，亦难为貌矣。灵石之趣，以幽深胜，然非老松数千株虬蟠谷口，亦未为至也。

黄檗既修之两月，余以乙酉春始往视其工。殿宇已整，寮舍已完，而环顾四山，层石巉巉②，挺然显露，譬犹人之新经病起，气象虽殊，而顾盼间未能生态，对之者不免少兴。

福清故产松秧，每一斤为一束，每束计可四百有余，乃市三十束种于寺之前后。寺之住持曰通馨者，亦已种植三万余株，计十年之后，青青在望矣。计再十年之后，清阴照地可以覆人矣。吾年今已五十有二，更二十年后，久已解组③归回矣。如其时此身尚在，杖策南来，重寻旧迹，则四万余株之堪为梁栋者，不啻老夫前此在邑之日之稚焉童子，其为乐何如也！想灵石大夫闻之，亦当掀髯而笑。

〔注释〕

　①髻松：头发散乱的样子。
　②巉巉：山势高峻的样子。
　③解组：官员解下绶带，意为不再任职。

〔作者简介〕

　张成梁，生活于明代，福清龙田人，身份待考。

黄檗寺龙泉记异

张成梁

　　黄檗寺后旧有小潭一，冬夏泓然①，相传不盈不溢而亦不涸，虽为龙泉，不知始于何岁月也。壬申岁，寺之田亩入富人，僧以贫散去，泉遂亦以涸闻。迨癸未，余莅兹邑，夏六月，以事诣山，遂宿于其寺。颓檐败瓦，星光的烁，逗漏②梁间，从枕席上可一一而数，几于不能成寐。而访所谓龙泉者，第③见数尺枯池而已。

　　未几，为归其寺产，又为之募工修之费于四方。殿宇既整，缁侣悉还。向之蔓草绿阶，长苔挂壁，又皆为庄严净土，威仪道场矣。而所谓龙泉者，乃亦浸浸④日出。及工甫毕，盈潭泓然，与曩时相传不盈不溢而亦不涸者无异。噫！是可以自勉矣。

　　泉岂有知者哉，而其通塞之故，乃与寺之废兴相因。天下故有不相感而适相值者，若此之类，不一其事，而寺僧以为神，里人以为异，在愚夫愚妇，可慰其好善之诚，而有志之人，亦可以自励于有成也。如必与佩刀之出，孝妇之涌，而自以为功焉，窃恐灵山所笑尔。

〔注释〕

　　①泓然：深邃貌。泓，水深而广。

　　②逗漏：透露。

　　③第：仅，只。

　　④浸浸：水、汗等渗出貌。

上径山本师①和尚

隐　元

　　月日，不肖徒某百拜，禀上径山本师大和尚座下。某生不辰，值斯浊劫纷扰之境，数年被黄檗系累，未获亲侍左右，违逆之咎，无所祷也，冀大人涵之，则愚蒙感戴无疆矣。然日本所请，原为也懒弗果，有负其命，故再请于某，似乎子债父还也。

　　前承和尚严训，即修书辞之，不意秋间随舶再聘，至洋中被海上君子所夺。前岁十月，又着僧亲到山中致聘，恳请再四。念其诚至，故许之。于去岁五月十日，挝②鼓辞众启行。六月初至中左③，念一日发舟，七月初五至长崎，合岛檀信忻庆为幸。十月十五日结制，虽众百余，行业纯一，似可教也。第音语不通，落于传译，未免有失当机之用，可以从渐而入也。而檀那④长者在座听法，未谙其旨，护念师道无不尽心，谅不至狼藉以玷从上来事。某生平虽无过人，但一味率真为人，亦有率真者从之。故远游异域，与家舍无二。在此在彼，无非扩充和尚之道，自有龙天相诸，不致大人远怀也。兹特着二僧前来恭候兴居万福外，奉微物数种，聊伸寸忱，伏乞俯垂鉴纳。下情无任踊跃感戴之至。

〔注释〕

　　①径山本师：即费隐通容禅师，俗姓何，福清江阴松岗人，临济宗第三十一世传人。十四岁出家于镇东三宝殿。崇祯六年应僧众之请，继主黄檗山万福寺。

　　②挝：敲，打。

　　③中左：指同安县南厦门嘉禾屿的永宁守御中左千户所。

④檀那：意译为给予、施舍之意。中国、日本又将檀那、檀越引申为施主之称，即施与僧众衣食或出资举行法会等的信众。

〔作者简介〕

隐元（1592—1673年），名隆琦，俗姓林，名曾昺，号子房，福建省福清上迳人。明万历四十八年（1620年），投福清黄檗山万福寺剃度出家，法号"隐元"。周游各地，遍访名师，崇祯八年（1635年），成为佛教临济宗正式传法者。两年后，为黄檗山万福寺住持。四出募化，扩建寺院，使万福寺成为中国东南名刹。永历五年（清顺治八年，1651年）万福寺僧众达数千人，出了不少学有专长的高僧，隐元因此被尊为一代僧杰，名扬海内外。永历八年（清顺治十一年，1654年），隐元应邀率三十多位知名僧俗，从厦门启航赴日本长崎，受到日本佛教界的隆重欢迎。

永历十三年（清顺治十六年，1659年），日本皇室赐京都宇治醍醐山麓一万坪地给隐元创建新寺。新寺规制悉照中国旧例，也取名"黄檗山万福寺"，隐元成为日本黄檗宗的开山鼻祖。隐元开过三回"三坛戒会"，为两千多人受戒。永历二十七年（清康熙十二年，1673年）天皇赐予"大光普照国师"尊号，三天后圆寂。至康熙四十七年（1708年），日本黄檗派寺院已发展到1010个。到同治六年（1867年），日本"黄檗宗"衍为八派，嗣法者达4648人。至今日本崇奉"黄檗宗"的僧俗达数百万人。隐元带去的中国建筑、雕塑、书法印刻、雕版印刷、医药学和音乐等，日本称之为"黄檗文化"。隐元知识广博，诗文书法均佳。著有《弘戒法仪》《语录》10卷、《云涛集》1册，为佛学珍贵遗产。

复独耀侍者

隐元

中左别后，倏然三阅春秋，未卜故国文物山中耆宿①如何，令人不无远怀也。昨接的信，彼中事务巨细罔不悉。然最快者钱公②墓事工竣，并寺中平安，余不尽虑。夫忠孝人道根本节义，文学世谛枝叶耳，根本既固，枝叶无不繁茂，而覆荫人间曷有已矣。抑见汝心本末俱全，成叶君之贤，吾念亦足，其功德曷可思议乎？山中缘事无可不可，自古以来好事多魔（"魔"疑为"磨"——编者注），或难于始而易于终，或易于始而难于终，或始终俱难俱易者有之，终属前缘，不可苟勉也。然老僧六十有三而应日国诚信，亦有好恶真伪之论，而况幻言梦事而无腾说者乎？凡一切付之，不闻不知，久则自消，真伪了然。

闻汝归浙省亲，料理葬事，孝子之所当然。甚善，甚善。事毕欲从舟山乘桴③以慰老僧，彻见孝情法道两全，忠义节文毕露，非过量衲僧、出格丈夫不能也。且汝平素文名溢于海外，今果一航，老僧有待，文明可必，谁不睇睹。倘道涉补陀，探其趣向何如？后若期遇，可以暂寄杖头，以便进止，亦到处随缘之妙用也。吾昔在潮音洞寄居二载，亦有未了之念。彼中有破浪锦鳞踊跃来迎，则观音大士不负老僧之愿矣。汝须留心，甚勿忽诸。嘱嘱。

〔注释〕

①耆宿：指在社会上有名望的老年人。

②钱公：指钱肃乐。钱肃乐，浙江鄞县人，崇祯十年进士，历官太仓知州、刑部员外郎。清兵南下杭州，倡议起兵，遣使请鲁王监国，任右金都御史，进东阁大学士。后兵败，卒于连江琅岐岛舟中。六年后，隐元、叶进晟等人把他的遗骨从琅岐移葬于福清黄檗山。

③桴：小筏子。

又

《年谱》一书，门弟子递年记录，俟百年后刊行，又表一代化仪事实而成道业，有征法于后世，永信师道以无穷矣。兹乃外国行道，多所疑惑，故将汝所录六十三年前事迹刊出，与天下共知，则群疑顿息，如排云雾彻见青天，抉翳膜龙蛇自辨，岂小补哉？又云乞言小引并其中数字未妥，今一一依其删补，重梓流行，以晓今时。甲午秋后到扶桑，其事实众所共见共闻，夫复何疑？望子速来，佐其全始全终，成法门之功臣。已事可办，不亦至美，甚勿滞于浊劫之中，是老僧之至嘱也。

附：独耀致隐元信

书启

今春二三月，曾三致书寄候和尚法履，一托独明兄，一托惟光侄，一托汪如升居士传寄南船。后以风波间阻，知俱未得达。五月中，良哉兄还山，讯悉安居，益增喜慰，并拜接诲言，钳锥恳笃。日虽不肖，能弗感切肺腑也。但自思惟秉质薄劣，未受简绳，纵道念遽到而俗情未离，每忆骨肉之谊，潜然涕下。况祖父母、伯父母俱溘焉朝露，暴骨荒丘，若非措置贰三百金择地安葬，乌忍恝然远行。此日所以勤勤思心返浙也。

未发，兄自鹭岛回，云五月中和尚复有一书寄到，并付来《年谱》二册。此书已为惟初等浮沉去，《年谱》则从良哉兄领一册捧阅，颇悉其概。但其中尚有一二未谐处，略一录出以凭和尚酌裁。即如开卷第一叶独往兄所作乞言引，自当削去，不宜发刻。何也？盖自古大善知识年谱，只须一二人作序，贵简重也。今日"乞言"，是求天下皆言，多多益善之意。岂有一部《年谱》欲求天下许多人作序之理？即贵简重，俟日请求一二有关系世道法道之人为叙，不必曰"乞"，恐无此体，为识者所笑，断欲删除。又传赞三叶，亦未尽得法。日尝细为展阅，见其中所叙述者，俱讲自己身份上事，并牵扯不肖日，夹杂补凑，敷衍成文。此之谓《独往外传》《独往外记》，非传赞本师体也。当时见其笔意矜张，夸言示众，日遂缄口不言。且和尚深信之极，言之未免生嫌。今则公然付梓，与不肖日姓名同列于前后，以行于天下万世，不几令达人笑破口哉！此传一出，其非且笑者不知凡几。前与颂言作一起送人，人多议论。日为何不讲？和尚不知，且不见也。此数板断不便行，若不忍毁之，万不可同不肖所作同刷行送人，以取人讥诮也。至恳，至恳。外如第八叶中法语"仁者见谓之仁"句，原出《易经》系辞"仁者见之谓之仁，智者见之谓之智"，若去一"之"字，便不成句法，所当增入者也。又，十五叶中"签书敦催"，考之古本，从无"敦催"二字，或改"催请"或"敦请"为妥。十八叶上"始信共途不共行"，宜改"同途不共行"，始调高而语谐。诸如此类，略举一二。今将原本朱书点窜，凭和尚删削增改。

凡编述古文，篇有篇法，句有句法，字有字法，俱当遵前辈典章，不可妄以后人臆见谬为定夺。此皆和尚道法所关，亦不肖日声名所系，故不得不恺切痛陈之。

至如不肖在山三载，无他罪状，所著有《檗山近业》两卷，计六十张。《击竹集》一卷，三十张。《钱忠介葬录集》有一册。今先印已刻者奉览，其未完者，容刊竣续呈也。钱公墓碑八月中亦以工竣，并达。日九十间道路稍通，当回浙省觐，或一年半载之后再来山中。看有机会就东渡，或与诸当道檀信商酌，恭迎法驾还山。倘太平有日，达之朝廷，奉诏敕征召回国，亦日绵力所能为，勿曰造语虚诳也。古墨二笏奉用。前有湖笔拾矢，寄独玄弟携来，想未到也。三月书并附览外，缴呈《语录》《年谱》贰部，八月二十日愚徒性日再拜具。左慎。

复阁部鲁庵刘居士①

隐 元

东渡以来，时切瞻斗，遥缄远赍，青莲如对也。唤锡归山，道爱谆详，刻骨铭心矣。所愧德凉，人事凑泊②，却之不可，诿之不能，故孟浪长崎，复遨游神洛，无非为异域作法门嚆矢③耳。且彼中三百年来个事久弛，无人拨转。自幸敬信，因之发明，庶不顾涉涛一遭矣。乞宥④方命，容听自便，顺流而西，或与老居士结林下缘，自当别有倾倒也。令叔乃子曜哲，奉命追随，为彼传译，亦机会巧遘，得他大用，或延此耳。兼以聪颖犹人，进而教之，谨闻命矣。承赐诗箑⑤，足征高雅。敬以和韵，枯肠不典，海涵是祷。

〔注释〕

①阁部鲁庵刘居士：即刘沂春，长乐潭头人。明崇祯七年（1634年）进士，授乌程（在浙江省）知县。崇祯十七年福王在南京即位，起用沂春为工部主事。清顺治二年（1645年）福王政权瓦解，唐王在福州建立反清政权，任沂春为布政司参议，进太常寺卿。顺治三年唐王败，沂春隐居不出。顺治四年鲁王入闽，大臣钱肃乐荐为副都御史，升吏部左侍郎。顺治五年，鲁王败，沂春隐居深山，后卒于侯官凤冈。著有《珑洞集》20卷，《出云岩集》10卷，商定明崇祯《长乐县志》11卷。

②凑泊：佛教禅术用语，意为生硬地结合在一起。

③嚆矢：带响声的箭，后用来比喻事物的开端或先行者。

④宥：宽恕、原谅。

⑤诗箑：题诗的扇子。

附：刘鲁庵致隐元信

白云居士刘沂春顿首拜

福履　恭候

副启壹通

久暌法音，殊深梦寐。老禅师教衍东国，悬不夜之明灯，阐无上之秘旨，道亨身泰，诚万古一时也。但故土缁流望切开迷群索羽言，恭迎法驾。万乞期满即允南归，以慰后进之心。咳唾其光，俾人人各得其欲而去。不佞以残喘余生，闭户深山，亦得于长松之下时聆妙义，涤我神秽，所厚愿耳。家叔一水者，侨居长崎。其子三光，字曜哲，东产也。颇聪敏，能习故土之声。若知皈依，幸进而教之。外附寄一诗，书扇上，侑万里片翎之意，并祈笔政。诸惟炤悉。尺一之外，不禁神驰。名具正幅。左玉。

复霞丞叶居士^①

隐 元

出山航海，不觉三阅青黄矣。每怀梓里，实切瞻依。况檗山乃令祖先大人所式灵而拥卫者哉！承札召归，道爱谆谆。所愧才德谫劣^②，无以慰望。不期砺止，宗风丕振。当国士大夫敬而信者，不下闽南。迨催归诸牍沓至，益坚攀辕雅谊。拈锡西指，未有如愿。且因风致远，遨游神洛，山川倍增修阻矣。但思法不择地，道在人弘，法道既行，何分彼此？以此方命，想纳洞宥，必不过督也。若得化成，循海归山，握手潭畔，庆快生平，未可谓道人尽望情也。敝嗣慧门，素蒙吹嘘。来谕谦让一奖，虽是循名称实，不得居士虚衷^③首肯，乌能得顾价增耶。所虑故土干戈匪宁，主席荒山，庚癸频呼，恐所不免。赖推屋爱，垂伸只手，扶所不逮，是则山僧万里外之所仰望者也。沥此区区，无任遥启。

〔注释〕

①叶居士：居士是指不出家而信佛的人。叶居士即叶进晟，叶向高曾孙，号霞丞，诸生，隆武元年擢恩选。礼部尚书曹学佺荐授翰林院待诏。顺治四年鲁王遣兵取福清镇东城，晟组织力量参与。兵败，亡居台湾。顺治十年潜归，足不出户者五年。顺治十五年卒，年四十二。

②谫劣：谫，浅陋。劣，坏。"谫劣"意为浅薄差劲。

③衷：内心。

附：叶进晟致隐元信

一苇东去，岛国生春。遂使闽海山川忽焉改色。瞻依怅望，岂翳一人？知雷音大震，法雨弥天，既为邻邦额手，尤深启恋之私。檗山慧道人谦让不遑，顷日面间言欲迎返宝幢。极知道化流行，无分彼此，但吉祥佛座，日望覆庇慈云耳。颙望颙望。去冬口荷远赐，尤纫道爱。便航附候，不尽依依。顺附先公诗箧一握、小诗二首，拜呈喝政。先弟诗集烦为分送国中之好文者。晟再顿首。冲。

复魏尔潜①信士

隐 元

何居士至，接来翰，种种过褒，当之殊愧也。闻足下在崎养德，以遂身心，是最清福。然此时唐土正君子道消之际，贤达豪迈之士尽付沟壑②，惟吾辈乘桴海外得全残喘，是为至幸。惟冀足下正信三宝为根本，根本既固，生生枝叶必茂矣。原夫世间之事，水月空花，寓目便休，不可久恋于中，恐埋丈夫之志。谁之过欤？更冀时时返炤③自己身心，必竟这一点灵光何处栖泊，不可错过此生。到头一看，谁人替代？纵有金玉如山，子女满堂，总用不着。可不慎欤？嘱嘱。

〔注释〕

①魏尔潜：即魏之琰，福清六十都人。明末侨居越南经商，往来越南与日本之间。后到日本长崎定居，资助隐元修建寺庙。

②沟壑：山沟。后借指人去世后掩埋的地方。

③炤：同"照"。

黄檗志序

费道用

　　黄檗去融邑一舍而遥，深山幽壑，旷非人境。自唐贞元以来，世为丛林地。既隐僻不杂尘俗，缁流非精严戒律者，毋敢入。而又代有禅宗高士以为之主。慈云所罩，远迩响被，邑之评丛林之盛者，莫能外焉。万历中叶文忠公在政府，为请于神宗皇帝，得锡藏经，焕然再新。殿阁金碧辉煌，相好光明，隆隆之象，一时未有。凡闻风而至者，莫不咨嗟叹息，生皈依①心。三十年来，徒众日繁，宗风大畅。于是居士林莅夫、比丘行玑等衰集过去见在一切见闻，即为之志，以待夫未来者。问序于余。余尝同友人入山扣费隐禅师，见师皤然清癯，一语不发，而问者自远。其寺僧率循循缩缩，有精进相，因叹曰：此黄檗之所以为黄檗也。向所称，岂虚哉？

　　然窃②有欲言于费隐者。夫佛之为教，其要在慈悲广济，而禅之为宗，其指又在使人自得，不落声闻。是二者意本相成，事则若相庚。彼贸贸而来者，如饥人之入太仓，如病夫之入药市，明知可以饱我疗我而急不得其一赈救，则慈悲广济之道何居？固曰：自得自得耳。又奚赖此破暗之慧灯，度迷之慈筏也？曰：不然。人之于法，始固无不爱恋而欲一得。至其得也，实无所得而并爱恋者，且一无所有。譬父母之于子，初固怀抱中物也，及其成立，于父母之心得矣。然岂能常在怀抱中哉？故方其爱恋也，在爱恋者以为是。而自了然者视之，则非也。比其得也，即得者亦不自定，而自传心者值之，则有大欢喜者矣。然则人谓禅宗之不轻付与也，而岂知其婆心之独切哉？

饼家子日以饼遗僧，僧即以一遗之曰：吾惠汝。子曰：饼为我遗，何反遗我？僧曰：是汝持来，复汝何咎？饼家子因有省。又有狂号于道而觅其首者。指之曰：首固在也。其人遂定。彼贸贸而来者，皆有所持来也，然自有而自不知，是求首之类也。禅师又以持来者还人，而觅其首者犹未知定也。是岂师之不多方指授哉？不自得之故耳。

黄檗代以宗风重，望黄檗而来归者，亦代以宗风重，故志载源流语录为甚详，而余亦举以相问。然是皆筌蹄③也。过去现在一切见闻，恐终了于法无涉。倘未来有明眼人，亦惟从自得作采寻耳。虽然，余此言又理障也，并抹杀可也。

时崇祯丁丑岁仲春笔山居士费道用题于三山之碧桃轩。

〔注释〕

①皈依：原指佛教的入教仪式，后来指虔诚地信奉佛教或参加其他宗教组织。

②窃：私下。

③筌蹄：筌，捕鱼的竹器。蹄，拦兔的器具。中国古代的一个哲人说，有人捕到鱼忘了捕鱼的"筌"，有人逮到兔忘了"蹄"。后来用以比喻达到目的的手段或工具。

〔作者简介〕

费道用，明熹宗天启四年（1624年）举人，明思宗崇祯四年（1631年）进士。授福建福清县知县。到任3个月能知其乡语，市人经他看见过，再见即能判别为谁人。为官廉洁，正赋补不取耗银，崇学奖士，建桥，诸多善政。后因执法不徇私情为当地土豪劣绅所中伤，被劾。老百姓如同失去慈父母。上官知道他的廉洁后也叹息道："海口有口，福清真清矣！"后经台臣杨鹗上疏鸣其冤，迁补兵部职方司郎中，转吏部考功司，卒。著有《碧桃轩集》，已失传。《黔诗纪略》录其诗十六首。

福清县志续略叙

即非如一

粤自大化甄陶，一匡有土，上之配以天星合戴，下之布以分野相承，于是乎舆图列而万象立，生民聚而风教成。分城分邑，爰会爰都，隆替①之间，推迁不一。主之者专志方舆，大纪封疆，以分广土之一用焉。

往罹胡元闰朔，九土咸灾。荷出圣明太祖高皇帝，大涤腥膻②，再还有夏，俾得日月高悬，重新寰宇，复见礼乐政治人文轩冕之光。世如再凿鸿蒙而辟九土，人如忽从梦觉而睹昭回，功与神禹同罔极矣！是就定图版籍，用昭方土，而曰广舆，而曰志记。

闽会福清县乃予生缘地，古之长乐也。旧有邑志，天顺间重加修纂，未几板失。后之大令，不闻重光；邑之明哲，不同载纪。几二百年来，人多自逸而不加察迹，至湮灭而不及考。烈节祇灵，不无短气，何有取于人文光大之玉翩哉？

予也格外天方，欲觅遗篇，不获一见，虽曰有心，其莫追何？喜者迩承从父汝读公远寄先世藏稿四卷，具载数百年畴昔之事，得从日览，致我胸怀跃跃于玉翩金翅间，知此人杰钟灵、风还邃古，一一皆从未见中见、未闻中闻，扩我耳目之聪，大展史节之概。第惜未广全篇，而副遐赏。今秋搁锡云外，假此野鹤余闲，乃尽搜奇用广，遂将蚤岁见闻有补于风化之未备者，一加增辑，列成一十八卷，曰《福清志续略》。

噫！顾兹用世典常，何与方外弟子？生缘有在，未可遽忘。昔楚钟仪为晋所留，晋侯与之琴，惟操楚音。越庄舄③仕于楚，既富贵，尝为越吟。夫晋楚越同一土，而重本之切不少忘者如此，况云旅万里、域间一川哉？予与二君，迹虽有殊，而心厚于本则一也。幼自学道，道贵乎本，一本之端，无分物我，曷可以遗生缘而曰道哉？

予之得以借邑志以寄厥衷，意在韵弦之外，自有赏音发其义，非徒资稽考、益见闻，为灾梨枣之思。编中所集前言往行，勤勤于道德仁义、忠孝廉节，以为培植元气，养护心珠。他日一经天眼，耀古腾今，此书不为无助。或志于道者乐道，循其功者任功。农工商贾，各尽本分，出世入世，一气相孚，庶俯仰不愧于方寸。兹尽一代之征闻，聊续前贤之广记。由昔之垂今，即今之属后，岂一朝之尽载？是用梓之由感也。

或谓：道人以法界为家乡，何沾沾于一邑而不置？乃应之曰：沧海不让细流，所以成其为海。顿忘比量，是名法界。或者不觉首之自点。

古人有书必有图，布置有法图画书也。予补邑志并手绘邑图，用备考览，工拙何暇计焉？自幼从释，翰染非所长，意在智愚双利，理事兼备。虽图书无法卧游者，或有取焉。

丁未秋广寿即非头陀如一题。

〔注释〕

①隆替：隆为盛大、厚之意。替，即代之意。"隆替"意为兴盛和衰败。

②腥膻：原指羊肉、鱼虾等肉类难闻的气味。这里借指蒙元统治，带有某种民族偏见。

③庄舄：亦称越舄，越国人。战国时期楚国的大臣。

〔**作者简介**〕

即非如一,俗姓林,福建省福清人,明末福清黄檗山万福寺禅僧。他是邑人、南宋太常少卿林希逸的后人。1616年出生,1671年示寂于日本长崎崇福寺。即非是福清黄檗山万福寺住持、临济宗三十二代高僧隐元隆琦重要弟子之一。

1657年,隐元东渡日本三年之后,即非应本师之召赴日。在日教化十五年中,即非中兴长崎的华侨寺院崇福寺,协助隐元开创日本黄檗宗,并于1665年开创了广寿山福聚寺。福聚寺的地址在今天的福冈县北九州市小仓北区。即非和他的法系后来被称为广寿派。根据日本黄檗山藏《宗鉴录派分》记载,截至1867年,广寿派的僧侣超过796人,属黄檗宗第二大派系。

即非道德深厚,教化绵远,他和泉州籍法兄木庵被誉为二甘露门。即非长于诗文,工于书法,和本师隐元、法兄木庵并称黄檗三笔,对日本江户时代的文化界影响很大。日本岩波书店在1989年出版的《佛教辞典》里,于众多的黄檗东渡禅僧中仅收入隐元与即非,可见日本佛教界对即非的重视。

黄檗东渡禅僧是一个特殊的群体。做为僧人,他们弘扬了佛法。做为文化使者,他们传播了明末文化,并在日本创造了新的文化。同时,我们还可以注意到,东渡禅僧是明清嬗代时期的一个遗民群体,他们都具有难以忘怀的亡国苦痛和深刻的民族意识,怀抱着倾诉不尽的爱国情感。在异国,这种爱国情感与耿耿于怀的传法热情相交错,也跟挥之不去的乡愁相融合,在他们的诗文中表现出来。

在东渡禅僧中,即非是很有个性的,他的爱国情感也表现得特别突出。即非的许多诗文表达了自己眷念故国的情怀。

故乡风物记

涂之尧

　　万安守御千户所，在福清县平下里，去县百二十余里。洪武十三年命江夏侯周德兴制置沿海，二十年筑城十六，增设巡检司四十五，分隶诸卫。是时五卫十二所，有镇东卫当要害，海寇出其之中，地极东南，以石为城，小而险固。因其地势西南小，东北阔大，形如芦葫，故俗称"芦葫城"，江夏侯所造也。江夏濠州人，字从一，凡海上城池、墩、寨及卫所军士调配，与孤岛人民之内徙，皆所经画，可谓善矣。时万安所有正千户夏麟（昆山人）、副千户许达（江夏人），百户陈刚（汉州人）、宋英（武宁人）、侯运（定远人）、欧瑶（全椒人）、冯春（定远人）、陈遇（江都人）、张二（祥符人）、陈昂（福清人）、顾铭（扬州人）。又有镇抚李春（章丘人），百户年久未袭者张丑儿、夏森、李盛，故绝者孙安、陈炜。

　　嘉靖四十三年，以连岁苦倭，沿海设五寨，钦依把总以烽火、南日、洛屿三寨为正兵，小埕、铜山二寨为奇兵。未几，海贼施一本、林凤窃据澎湖。隆庆时，又设洛铜、海坛二游把总。闽中成、弘以前，山寇多而海寇少。正、嘉以后，山寇少而海贼多。故虽建置不一，大率至明季有五寨七游。万安所至崇祯时，又设南游把总，至是游、寨益多矣。其把总所属，皆有哨、捕、队等头目及兵仗、战舰，丽籍都督府巡海道等官。万安所设旗军千四百九十九名，各给月米俸钞。明季操军五百六十八名，山海军四百四十名。有卫指挥一员掌印，谓之所官。其赋税、狱讼、生童考较，释归县官。唯军伍有事，则所官决之。

福清县本长乐地，唐武则天圣历二年，析置万安县。玄宗天宝元年改为福唐，朱梁改永昌，石瑭改南台，闽王改福清。福清县有文秀乡光贤里，文秀、光贤以唐圣人翁承赞所居而名，其后并入万安乡。按《闽书》，光贤里有唐屿，在海中，与草屿相接近。今唐屿、草屿俱离万安城七八里，然则万安乡之地矣，以旧县名新城，亦江夏意也。

万安虽有千百户，其后惟涂、侯、可三姓为大。又其语音皆泉州（福州唐时曾称泉州），出城数里皆福清语言。凡军户家始惟一人为军，其后子孙多，或有资财，以僮仆一人应军，余则执四业不为军。卫所辖谓之军余，军余百户互结婚姻，久之，无非甥舅中表。

万安城既以海为地，以山为郭，故刘香、郑芝龙盛时，连樯数万，兵甲曜日，屡攻万安不能一克。凡海地无城郭者，或为海盗所掠，倭变犹惨，而万安独存。王公设险以守其围，信哉。西门城下可泊船只，故巨舰船桅，城上可以牵挽。西门内有方池，周可二百步，通海水潮汐，只此二百余步平地，余皆依山为屋。自西望之，如殿屏屋宇，层层如阶级然。文昌祠在其北，天妃宫在其南，观音阁在其东，惟天妃南向，余皆西向。所治近南平地，西即城隍庙、海潮庵，东向临城，其右元帅庙。诸庙寺惟城隍庙无读书处，余皆之尧所受业之地。又有内堂，在所治西南，佛寺也。四世祖伯龄公所建，有木刻小像祀之。后日高侄以祖像不欲为僧所祀，请祀其家，迁海遂失。且城外三面积石巉岩，每风涛所激，可至城上。有大鱼如山，常浮游水上，其声震天。或时近城，潮水忽汐，人以大絚①系之，大木支口，从口中刵②其肉，熬脂照夜，亦有作脯③者，但不甚美。其皮刀斧不入，刵时，潮至尚活而不能去。海潮庵可望朝之日出，与登州之海潮庵蓬莱阁同，皆日自海底上升，但无海市。每天气晴明，海水一望如砥④，宽平浩渺，直达天际。海艘出入，近者楼橹歌声可闻，远者如树叶飞蝇。海上诸岛，苍碧如珍玩杂陈。遇大风则波涛兼天，对面言语不能听焉。盖四时朝暮，阴晴变态，各有其妙。

己卯春，随业师沙升统先生自海道入省试，经石牌洋。海中有石二座，前卑后高，千仞壁立，俨若双桅巨舰，又如石牌，故名石牌洋。之尧既遵海而北，较之山上视海，又自不同。

明年秋又自省航海回万安，北风大作，半日而至，视去年南风平静，是又一观。

戊子正月，又自万安海道往琅岐，少时又自福州出五虎门往定海，皆出入大洋。其过石牌洋有诗云："借问当年徐福事，石帆何处驾风来。"魏武云："东临碣石，以观沧海。"盖虚志也，惜不令其一观之也。地既瘠确无多，力耕之作，强半取海自给。幼时见诸父老皆有双船入海网捕，其船有"水艍""猫舰""白艕"等名，贫者亦用小艇垂钓，或携粮而去，数日而返。亦有朝出而暮归者。如黄瓜、白带、鳗、□（原文土字，左"虫"右"戈"，疑即甲壳类海洋生物"蟛"，比如梭子蟹——编者注）之类，皆钓得之。钓艇到岸，高声唱曲，以多为乐。是以冬夜读书，其唱鱼声彻城上。或梦中听之，殊觉盈闻。次早开门，则挈携满道，亲戚持以饷。近港潮退用小签竹捕佃鱼、虾口。以两竹撑网，叉腰前行，谓之挨缉⑤。又于淤泥中蹴取章鱼、石巨⑥之类，及石上琢取小蛎，谓之"下江"⑦。凡宴客皆度潮后。客坐，厨人涤釜以待下江，其味鲜美。之尧曾读书观音阁，早起倚堞望海，家僮携五文钱往城下买□（疑即蟛，梭子蟹之类的海洋生物——编者注），与□八枚，仰视城上，再与五枚，仆几不能持，其物力之贱如此。海利网钓而外，又有紫菜滩，其石生大海中，每年七八月烧之，令有声，潮水冲激，至八九月有生狗尾苔，初冬则生紫菜。直至春暮生一种鹿角菜。冬菜嫩，味厚，春菜稍劣。就石上搓之，可以成索。石势顶圆，或平大者，可坐数十人。然采菜人多被海浪抱去，故起风则不得采，采者必凿石置橛，以絙系腰，浪来则闭目呼气而过之。菜叶浮水，色紫，长尺余，罗列唐屿、草屿之间。之尧每坐石上观海浪，殊大快乐。姐夫石武夷业此。西门外迤北小山，当海水入澳，澳口上有石塔，坚朴工致，下有庵，曰古龙塔寺。夏时携书登塔，面海而读，倦则偃卧。海气清爽，醒人魂梦。南风微起，波浪不兴，石首鱼千百为群，塔下游不绝，金色可数。月夜，寺前有鰛鱼，脊上肉能放光，平铺水面。有毒鱼大如指顶，左右冲曜，若海花片然。之尧曾有诗云："久客横江一叶归，毒鱼高曜点征衣。"东北一带，山石嶙峋，文昌阁、观音阁、海潮庵皆在其地。明时太平和乐，月夜纵酒浩歌，其海色万状，无不罗列胸中。之尧曾有诗云："海外神仙何处求，此中风景是瀛洲。"海贼亦时入港，鸣锣鼓刁呐喊，但闭城而已，不之惧也。城下泊艘，城上架炮助之，贼不敢近。

城内分为十社：南阳、胜安、厚福、腾凤、南宦、中和、福田、河园、文昌正境、文昌胜境。之尧所生在南阳社，近南门，即先大伯东华公所构也。南向过街则业师张玄闻先生屋。之尧六七岁皆先大伯早晚提携入学，往复返，朝暮无间。又有十景，曰：烟台远眺、岩影观音、石洞飞泉、南岭樵歌、茶林春色、松荫过舫、海潮观日、桃屿渔火、塔寺闻涛、龙潭鼓浪。此中美景，学士大夫、游人过客往往登高作赋，临水咏诗，指不胜屈，笔难弹述。

西门内池中四时燃灯，水面设轴牵挽来去，各神庙岁为大灯一座，金鼓导送至庙中。三月三日，各境社制为台阁送神，务极巧丽。诸神庙为天妃最灵，每肩舆出宫，并肩夫腾空而起，迥转海上山城，其人不知所以。天妃海神也，明初于应天府仪凤门外建庙祀之，至今犹存。四月朔，父老各著青衣，首戴青绢帽，持鱼楫，唱采莲歌，舁[⑧]龙首至境庙。端午则舁上龙舟，出海门之外，波浪危险为奇。六月十五作半年。七夕赋诗饮酒。兄之梦有诗云："可怜七夕为欢短，难得千金买夜长。"然俗颇好佛，谓之小西天。持斋者居半。人死则必荐亡，故中元争作普度。十五夜茶林寺前放焰口，空城而出，数十里内俱来观之。中秋燃塔，儿童砌瓦为之。重九，茶林寺后有观音石，咸登高焉。冬至搓米为圆。端午、重阳皆有角黍。除夜则门前烧柴为火爆。正月朔，少长传拜。妇女从不知入庙、焚香、踏青、游赏、观剧。吉凶大故，则出门步行，不蔽面。但男子远望则避之以让行。自贵至贱，自幼及老，从不知有中冓之丑。客至，虽小户未曾见妇人面，及闻声。翁媳、夫兄、弟妇，非大礼不相见。女子出嫁，见兄弟皆隔门，女工惟串网巾，马尾为之而帽者。妇女勤工，无贵贱贫富，皆鸡鸣梳洗，未明即临厨下。山瘠之地，米少价高，皆口大麦，其性难熟，故须早炊。必三番舂籭，始可去皮。二鼓前，四鼓后，皆闻杵臼之声。俗好客，过必留，请必丰。其半干味，其半海鲜，及杀鸡为黍，然后正人亲治厨，不敢以委婢媵。食余则奉养老人，更有余，则存，俟再进。妇女从不知沾唇，并不饮酒，若口酒食，人不齿之。女子难以成婚，婚必六礼。新妇到门日则燕客，三日朝见，先谒拜翁姑，次谒亲长，而已至厨，转焉则婿上席，三日执半子之礼。子弟以齿长为先，长者问，起而对。迁之涂，肃空揖拱，候其过乃行。祖、父、伯、叔前自称曰"囡"。奴仆虽数辈，不敢凌主。他人仆见正人皆避道。非子衿不敢朱履方巾。福清人性刚好义，敦情尚气侠，而万安稍驯。然勤俭礼制则一也，大率崇本黜华。人死，凡亲知吊祭，必延望衿两人赞礼，仪品悉凭家礼。棺式两头大小齐等，用磁灰厚漆，墓多石圹石几石埕，无力则暂停于寝。故构室必深，寝堂或年月不利，皆不得葬。是以迁海之日，在寝者焚毁，在外者暴露也，惟此俗最恶。所妙者凡朔望各输白金多寡，交一人掌之。有人称贷，则取其息，谓之孝义会。会内人有丧则与之，不足众增助之。

其丧葬事物，会友为之经理，延客酒席，亦会友派办，丧事毕则如数还之。先祖妣之丧，先大人归，惟涕泣尽哀而已，其棺木衣服皆两先伯生前所备，后亦如数取给。如是则丧事虽贫，必无废事，可以尽诚孝焉。此俗美也。然而明世三百年来无一科目，说者谓：地气之余不发科甲。予曰：此堪舆家谬言，非正论也。盖天地之理，丰于彼者，必啬乎此。弹丸之地，而千百户世世食禄，冠带无穷，尚能发科目乎？况海隅学者，见闻疏陋，好学之士寥寥，科甲之无，不亦宜乎？

其物产，谷属则有粱、米、黍、黑豆、绿豆、红豆、扁豆、豆荚、大麦、小麦、芥麦之类。蔬属则有葱、韭、薤、蒜、苔菜、芥菜、白菜、萝卜、菠菜、韭菜、苋菜、莴苣菜、芋、茄、苦瓜、冬瓜、越瓜、黄瓜、西瓜。蕃薯者，万历中闽人得其种于外国。蔓生，头大者数斤，形曲直不一，皮赤肉白，亦有白皮者，生、熟皆可食，又可为酒，面馅，其叶嫩可茹。薯性温，益人，福清人藉为半年之粮。海菜则金丝菜（俗名狗尾苔）、紫菜、石花（夏月可煮作冻）、鹿角菜（俗名赤菜）、鸡角菜。果属则有石榴、倒粘子（如乳倒粘，味酸）、香柑、辣、棘、桃。花属则有水桃花、石榴花、鸡冠花、茉莉花、菊花、五簪花、金凤花、大兰、碎花兰、葵花、胭脂花、水仙花、美人蕉、凤尾竹、桂花、瑞香花、长春花、海棠花。海物鳞属则有海鲵（俗名海鳅，大如山）、鲨鱼、双髻鱼、石首鱼、命鱼、乌颊、鲫鱼、鳜鱼、鲲鱼、鲐鱼、鲳鱼、白力、马鲛、比目鱼、海企鱼（俗名鲂鱼）、毒鱼、白爵、飞爵、白带、鳗鱼、规鱼、骰鱼、银鱼、宅鱼、乌鱼、嘉酥、龙虾、虾蛄、乌贼、柔鱼、锁管、石巨、石乳、沙田。介属蚹、□（疑为蟢）、鲎、蚶、赤蛤、白蛤、花蛤、蛤蜊、蟹、螂硔、沙虱、江瑶柱、石蛎、车螯、鱼脚、淡菜（即贻贝—编者）、辣螺、晃螺、珠螺、油螺、软螺、□牙、乌鲶、石鳞、石钻。其他不甚美者、无益者不载。即可载者，亦难悉举，姑志其略。

顺治十八年正月，上御极，是年九月迁海，人多死亡，其地遂空。先大人之丘墓在焉，悲乎！

〔注释〕

①絙：大绳索。

②刳：剖开，挖空。

③脯：这里指肉干。

④砥：细的磨刀石。

⑤挨缉：方言。挨是推的意思。"缉"是一个人可以操作的渔网。把渔网前端轻轻压入水中，在没过肚脐的海水中推着"缉"快步前进，大约推进两三米远后迅速举起，来不及逃生的鱼虾便被困在网内，渔民就随手抓住，放入固定在腰部的渔篓中，然后进行下一次操作。

⑥石巨：平南里方言，沿用至今。亦称石具，是一种与章鱼同科的软体动物，个头稍大，肤色淡红，肉质比章鱼更韧。

⑦下江：平南里方言，沿用至今。讨小海获得的小鱼、小虾、小蟹、海螺和各种贝类等海洋生物统称"下江"，讨小海俗称"讨下江"。

⑧舁：共同抬东西。

〔作者简介〕

涂之尧，字子是，号紫峙，福清万安城人，清顺治甲午十一年（1654年）举人。顺治十七年（1660年）授陕西省石泉县令。在任期间，为保护平民，惩办大恶霸之子吴文雄，被豪右和京中大官僚所攻击，只任职十九个月，愤而挂冠辞职，隐居西北，为梨园戏班写剧本。直至康熙二十五年（1686年）才返回，定居福州台江。他在七十一岁返乡（万安城）祭祖时，写了《故乡风物记》。

《密云禅师语录》序

黄端伯

达磨受西天般若多罗密印，六传而至曹溪①。曹溪之后，分为二枝，而临济②之儿孙独盛。临济之后，又分为二枝，而杨岐之儿孙独盛。盖监寺受慈明之遥记，与黄檗之记临济正同，故禅道独为天下冠。今之所传临济派者，则皆系于圆悟勤之子虎丘隆者也。虎丘之子天童华知见高迈，大慧尝作偈特称之。天童华传天童杰，杰传破庵先，先传无准范，范传雪岩钦，钦传高峰妙，妙传中峰本，本传千岩长，长传万峰蔚，蔚传宝藏持，持传东明旵，旵传海舟慈，慈传宝峰瑄，瑄传天奇瑞，瑞传绝学聪，聪传月心宝，宝传禹门传，禹门嫡子是为今天童圆悟大师。大师之望前圆悟勤公凡二十世，其望临济则三十世，而望达磨则四十世也。

天童居大海之东，山川环拥，当年之坐道扬说法者八十余员，大率皆临济之裔也。庚午之春，余在武林僧舍，独见大师语录一编，始知临济宗风至今未坠。修书致敬，请师说法太白山中，即天童华禅师故址也。棒喝③交驰，学者无开口处，莫不望风而靡，以为临济再来也。

大师操履严峻，有古尊宿之风。行解相应，与来世之狂禅迥别。余尝睹其用处，纵夺自由，每吐一言，盖天盖地，其所从来者异矣。应般若多罗之谶④，而中兴临济之道，于今时正令全提，望断十方世界，至矣哉！

〔注释〕

①曹溪：中国佛教禅宗南宗别号，以六祖慧能在曹溪宝林寺演法而得名。

②临济：中国佛教禅宗为五家，其一是临济，由于开创者义玄禅师在河北镇州的临济禅院举扬一家宗风，故后世称之为临济宗。

③棒喝：禅师接待初学者的手段之一，就是用棒打初学者之头部，或冲其大喝，看其反应如何，断定其悟解能力。

④谶：迷信的人指将来要应验的预言、预兆。

〔作者简介〕

黄端伯（1585—1645年），字元公，自号海岸道人。明末散文家、诗人，建昌新城（今江西黎川县）人。崇祯元年（1628年）进士。历任宁波、杭州府推官。曾上书揭发益王在建昌(今江西南城)的种种不法行为，却被益王反咬为离间亲藩，被迫避居庐山为僧。南明王朝的福王在南京继位时，被荐任礼部仪制司郎中。不久，清兵攻陷南京，端伯拒不降，被杀时，赋诗从容就义，表现了高尚的民族气节。清乾隆时赐谥"忠节"。在文学创作上有所建树。其散文文笔犀利，淋漓流畅。其诗真实生动，感人肺腑，表达了他忧国思安、保卫祖国大好河山的忠节气概，但他好佛迷禅，多用禅语，又是影响其创作的主要弊端。著有《瑶光阁集》12卷，其中诗2卷，杂文10卷，另有《易疏》5卷，都存目于《四库全书总目》，现已收入《四库全书存目丛书》。

《隐元禅师又录》序

刘沂春

余尝读《费隐老人语录》，宗风远振，上以接临济之绪①，下以开末法之光，真传灯正派而慧日亘天者。余服膺②久之，始知为天童高足，宜其声实之并茂也。

今隐元禅师又为费老人高足，法眼洞明，机锋猛烈，一门而三阐宗旨，树帜禅关，诚古今法宝中希觏③者。飞锡回闽，首登黄檗，开堂说法，普照人天，而善信之皈依谛听者，不啻龙象纷驰，凤麟毕集。

余按：黄檗，闽山也，祖师，闽产也，昔以黄檗著名，至今犹令人溯源向往，其为闽地增重可知。忆无异大师以父子而卓锡涌泉，今隐元禅师复以父子而赉④止黄檗，其思所以阐发宗风，抑扬三昧者，匪一朝夕，其为闽增重，益可知也。

今读隐元禅师机语，迥脱常情，顿超物表，若以心传心，以水印水，所谓佛光朗鉴，智炬同辉，于兹益信。不特断际之流绪昭明，其单提直指之义，火传薪积，隐师之功又曷可少乎？

余乡龙泉禅林，自百丈著名后寥寥其人，今隐师栖真于斯，宗门丕畅。余亦将隐矣，行亲炙玄光，饱聆宏论，以游于方之外，偕石点头，未既也。谨题数语以皈之。

〔注释〕

①绪：残余。

②服膺：（道理、格言等）牢牢记在心里。

③觏：遇见。

④赉：装饰得很美。

〔作者简介〕

刘沂春，字泗哲，一字鲁庵，长乐人。明崇祯七年（1634年）进士，授乌程（在浙江省）知县。

前任知县马思理治县，政绩斐然，教化普及。沂春接任后，益实心为治，政绩突出。当时乌程士民都说："自建县以来，只有马、刘二公不愧是爱民的父母官。"后迁任刑部主事。时朝政黑暗，冤狱丛生。行人熊开元因得罪权臣，受诬入狱，沂春审知冤情，为其抱不平。权臣以利害相胁，沂春不为所动，坚持公道。权臣请求圣旨复议，刘沂春仍坚持前议，疏言："公道在人心，臣读书守法，怎敢以谎言欺君。"不久，即被罢官回乡。

崇祯十七年福王在南京即位，起用沂春为工部主事。清顺治二年（1645年）福王政权瓦解，唐王在福州建立反清政权，任沂春为布政司参议，进太常寺卿，顺治三年唐王败，沂春隐居不出。顺治四年鲁王入闽，大臣钱肃乐荐为副都御史，升吏部左侍郎。顺治五年，鲁王败，沂春隐居深山，后死于侯官凤冈。

隐元禅师《云涛集》序

唐显悦

诗有近于禅而不可以禅名，禅有寓于诗而不可以诗名也。余读晋惠远诸公诗，诗其侍而不着于禅也。阅古诸名宿①偈，爱其禅而不屑于诗也。虽然，此犹分言之也，独不有亦禅亦诗非禅非诗者乎？

黄檗隐元和尚，今之断际也。中秋游我仙邑，从游如云，瞻礼如岳，余惭非裴居士②，曷敢谬③附唱和？缘阅其语录，观其触机纵横，批窍挥洒，已知老和尚胸中磊落，品固不凡也。嗣是，门下高足，果以《云涛集》示余。展卷微吟，云涛满眼。夫云触于石，大则为雨为霖，涛怒于海，小则为松为茶，云有影而无声，涛有声而无影，大小有无，各相变幻，取以名集，又知和尚不自谓诗也。盖云见为云则无声，云不见为云则有声矣；涛闻为涛则无影，涛不闻为涛则有影矣。谓涛非云也可，谓涛亦云也可，谓云非涛也可，谓云亦涛也可。声影皆尘，见闻胥幻。云涛自有诗，诗自有云涛。诸人无以眼耳求之，则云涛之诗，甫变幻于方寸，即遍覆于三千大千矣。余且不得以禅名，又安得以诗名？惟顶礼唱叹而为之序。

〔注释〕

①名宿：有名望的老成博学的读书人。

②裴居士：指唐代与希运禅师相知的相国裴休。

③谬：错误，差错。

〔作者简介〕

　　唐显悦（1593—？），字子安，号梅臣、枚丞，又号泊庵。明末清初仙游县鲤城镇人。天启二年（1622年）进士，授诸暨县令，后改湖州教授，转国子助教，迁南京户部主事，转南京户科给事中，升四川副使，出知襄阳府，累官岭南巡道。明亡时从唐王，先后任兵部右侍郎、兵部尚书，后辞官。永历九年（1655年）居厦门，隐居云顶岩，自号云衲子，以寿终，卒年不详。有《浣纱碑记》《半樵山房记》《亭亭居》《续凫集》《天涯纪事》等诗文遗存。唐显悦的事迹被收录于《厦门志》。

请隐元禅师住黄檗寺

林汝翥

伏以黄叶纷飞，假东庐而正觉；白椎①不示，迷西竺以昏衢。谁为出世之人，以作度生之主。婆心咸切，儿啼共悬。恭惟和尚，竖光明幢，秉金刚剑。禅律并至，播曹溪之宗风；行解互高，绍②断际之嫡派。开猛焰之路，设狂澜之桴。

顾以檗山，宿称圣窟。前乎此者，天童密云和尚法驾遥临，野狐因而绝迹。谁其嗣之？座元费隐和尚，法棒继振，异猷益以遁形。祖钵相传，佛灯长照。旷千百世之胜会，诚亿万劫之良缘，虽祖祖无一法以示人，而师师实此心以相付。念兹玄风既远，钻窗之痴固多；虞彼正印不绳，恋筏之习不浅。生有怀手眼，素注宗规。是用特使布诚，实以四众共恳。所祈遥施骏鞭之影，枉现圣箭之声。果结于神州，缘开于此土。以一炬燃百千灯，明明无尽；以千灯照一大室，灼灼无边。缁流③幸甚，士绅幸甚！谨启。

〔注释〕

①白椎：亦作"白槌"，佛教仪式，办佛事时由长老持白杖以宣示始终，后借指出家。

②绍：继承。

③缁流：缁，黑色。僧尼多穿黑色衣服，后以"缁流"借指僧尼。

[作者简介]

　　林汝翥（？—1647年），字大藏，号心宏，福清灵得里（今上迳镇）人。明万历三十四年（1606年）领乡荐授沛县知县，后曾以抵御徐鸿儒的战功，升四川道监察御史。

　　汝翥耿介敢言，疾恶如仇。他对魏忠贤及其阉党的倒行逆施行径深恶痛绝。明天启四年（1624年）汝翥巡视北城时，对为非作歹的太监曹进、傅国兴，惩以笞刑。魏忠贤的死党司礼监王体乾以汝翥为外官擅自处罚内监触犯朝规，上奏熹宗皇帝，要对汝翥处以廷杖之刑。当时工部主事万燝因弹劾忠贤被廷杖毙命，汝翥恐冤死杖下，偷偷逃出都门，投顺天巡抚邓渼，并恳求邓渼为他递《劾魏忠贤疏》给熹宗皇帝。疏中汝翥沉痛陈言，历数魏阉罪状，指出："禁垣之间，惟悍忠贤之威福，不知有皇上之威灵。"劝熹宗帝吸取唐文宗纵容仇士良酿成甘露之变的教训。糊涂的熹宗帝反将汝翥廷杖后削籍为民。

　　思宗朱由检即位后，阉党失宠，汝翥复原职，历升广东琼州道，后退归家乡。汝翥家居时，惩治了抢劫过往商民的族人，使地方清靖，道路通行，过往的福、兴、漳、泉四府商民感其功德，为他立颂德祠，春秋两季祭祀。

　　永历元年（1647年），永历帝召见，授汝翥兵部右侍郎职务。是年十月，汝翥率乡兵与吏部主事林垒会合，攻福清县城，林垒阵亡，汝翥被捕殉国。

劾魏忠贤疏

林汝翥

四川道监察御史臣林汝翥奏为宪臣词严义正，权珰情真罪当，恳乞细绎孤立之旨，预杜孤立之祸，早靖肘腋^①，以保治安事。

臣堂官杨涟一疏，直纠权珰魏忠贤不法事二十四款，款款逼真。臣叨巡视北城之役，似亦可以无言矣。惟是皇上于杨涟疏则曰："欲使朕孤立于上。"夫孤立两字，臣正虞皇上之虑不及此耳。若虑及孤立，诚祖宗在天上之灵，与四海苍生之幸也。臣请申明孤立之说，愿皇上细绎之。

自古国家祸败至于不可救药，史册所称无不云人主孤立罪乎？于上，岂其前后左右虚若无人哉？惟是金壬操权，正人屏迹，即承命希旨之人百千万亿，总名为孤立，若汉唐之往事可鉴矣。汉之十常侍，唐之王守澄、仇士良等，莫不挟制乘舆，浊乱朝政。彼其初不过侍从旧人，稍加恩宠，渐而干预朝政，至于羽翼已成，太阿倒授，留之则变生不测，去之则祸且立至，如是者谓之孤立耳。乃今日何如哉？朝廷之所赖以赞襄上理者，独此二三老成与骨鲠敢言诸臣耳。孙慎行、邹元标、王纪、钟羽正等，病者病，去者去，削籍者削籍；满朝荐文震孟，郑鄤、熊德阳诸言官等，降者降，黜者黜，禁锢者禁锢，凤举飘飘，鸿飞冥冥，皇上将孤立于四海之上矣。在野者无于矣，即在朝者，三事九列非不师师满座，六垣十三道，非不济济充庭，然章奏多出内旨，票拟擅自更改，只字片语稍关，辄盛气相加。大臣无所效其忠，大谏无以尽其言，则皇上将孤立于朝堂之上矣。王安有翊戴^②先帝之功，拥卫皇上之劳，矫诏谋杀，身首异处，其余无罪受害者，不可胜数。禁垣之间，惟惮忠贤之威福，不知有皇上之威灵，则皇上将孤立于内庭之上矣。甚且贵人得宠，立刻就毙，裕妃有喜，勒令自裁。至于远雷流虹之祥，倏为埋玉之惨。客氏鼓煽动之端，忠贤竟诛锄之威，掖庭之内尽慑其毒，则皇上将孤立于宫阃之中矣。此正大廷诸臣所由鳃鳃徨徨，谓朝廷之上将有孤立之形，不谓皇上更反言之，以重为诸臣罪乎？

臣愿皇上远稽汉唐覆车之鉴，近杜他时孤立之衅，立斥忠贤于外，而东厂重地另择其选，将见君侧之慝③既靖，海内之政日新。自是官府一体，内外倾心，皇上遂得尊居九五之上，永无孤立之虞矣。

臣无任悚惕待命之至。

〔注释〕
  ①肘腋：胳膊肘儿和夹肢窝，比喻极近的地方。
  ②翊戴：辅佐，帮助。
  ③慝：邪恶。

清代

《海口特志》小弁^①

林以宷

　　宇宙微理，非好学深思莫穷其奥；乡朝往事，苟旁搜博采犹得其原。然理未穷，后有起而求之者焉。事已往后而失之矣。即有起而求之，非疑则误，顾不亟欤！余尝读明经《海岳记》，郭公与宋邑侯论志略，稍不胜击节。盖公于旧志玩之熟，而辨析条达，出人意表。又以纂修九边志之余力，成《玉融古史》，承先启后，厥功懋哉！公郭莲峰先生与某同学同社，互有切磋。迨先生登黄甲，而某落落于家。凡他方之事，必议论得当而后已。有时至动色，不以名位相逊，而先生亦亮节之直也。壬子，部文取《福清县志》，邑侯关中李公传甲举属之先生，以先生史学传家，有素心素具，舍先生而谁？与某互相结知心，共参订志商，以事滞会城数阅月，无从献刍荛^②一得。及归，剞劂^③已报竣矣。事成也，又焉说。且以不尊之身，不托于尊者，其孰信之。癸丑春，谒先生，出县志，约略观之，窃有疑焉。先生所收集者，嘉靖甲午年林寒谷先生所修之志，而正德癸酉年，邑侯上虞宋公衮始继之。成见乎？否乎？权舆不可忘也，叙文何可遗欤？抑倭变崩离，文字散失，旧本不可得乎？然某思先生修志，不患无一长，而患在三者：动用不赀，钱粮刻画，先生赔数十金以赏落成，一也；校定出自一人，告竣迫于数月，迩者耳目而详，久者记忆有限，二也；豪强滥请，鱼目斌玞^④，先生持正不阿而讪谤随之，三也。嗟夫！世间任劳怨所钟，往往而然，岂独先生者哉？今世士大夫家，居高者，优游山水，诗酒棋局。否则，营田宅为子孙忧。而章缝之子，徒知帖括，以为功名羡雉，遑齿及此事者。毋论问以天下之景物名胜不知，不犹立于面墙也哉！某虽三称其乏，远不能及之天下一国，也不能周于一邑。而一乡之事任其湮没残缺，夙愿未售，不虚此生乎？不揣固陋，爰取所藏旧辑，忆之以所见，又复多方询罗，遍处摩碣，远借别垂遗编，以补挂漏，名之曰《龙江特志》。盖海口在县之滨海弹丸，志之不得不略。在某桑梓敬止，几百寅甲，一邑志之，又坤容略。如功之大者，最推桥，利济涉险。绩之巨者，无若城，破产固围⑤。至于书院，为人文根本，浮图为四方观瞻，可不详其巅末，记其往事乎？乃有嘲某者曰："方今金汤既已失固，圜阓⑥鞠⑦为茂草，樵夫牧竖，往来其间，山禽野兽，坐穴于中，毛羽几时复集，志之焉用？而子疲精于不可知之区以为亟，不亦迂乎？"某以为不然。剥而复，屯而亨，天之道也，迟速则有数焉。万一海波不扬，商舶复辏，各方趋利如鹜，依然昔日都会，有以卜此地之难久墟也。倘欲考其遗事，故老凋谢，无复见知闻，徒见山高水深，能不惜哉！幸此生尚存，述所知，使某知乎某地有某旧址，某项有某规则，某家文物之盛，某处贸易之多。祀典之由来，风俗之淳漓，畴昔景象，依稀心目，未必于文献无小裨，亦于兴复有所考。然恐事实多遗，剌谬益滋，某尚⑧望博雅君子匡某之不逮。至于附载邑志补遗者，举口集有，亦以见家学渊源，尚且遗珠，况相去之悬者哉！请以质之莲峰先生，曩时切磋之谊，愈若直也夫。惜柳州讥昌黎不修史，尽先生口口志。而某请益犹乃古之道也欤？岂能如英草庐所云，曾叔诚口口述豫章名胜，使人不出户而能致千里之遥者哉？

顺治（疑为"康熙"——编者注）甲寅年桂月林以寀僭言。

203

〔注释〕

①弁：序言。

②刍荛：原意为割草打柴，这里指割草打柴的人。这里是谦词，把自己比喻为草野鄙陋之人。

③剞劂：雕版，刻书。

④瑂珠：像玉的石头。

⑤固圉：使边境无事。

⑥圜阓：街市。

⑦鞠：养育。

⑧耑：集中在一件事情上的。

〔作者简介〕

林以寀，明末清初福清海口方民里人。清康熙十三年（1674年）参修《福清县志》，为海口地区采访员。他花了三年时间，修成《海口特志》。

《福清县志》纪事

郭文祥

前志载自宋者，系林学可、黄忠甫两先生所著，岁久无稽。自明邑侯文中朱公礼请莆林寒谷先生寓圣迹寺，纂修县志十卷，业经寿梓，时为嘉靖十三年甲午。而乙未以后，阙者尚多。先辈屏阳周先生续而成之，甫脱稿而未竟①。先主政云桥公著有《玉融辩议传记》，曾镌入全集中。先外史海岳公慨然复古，勤蒐密讨，厘为《玉融古史》十卷，视旧志加详，然姑副之名山，而未传之同好。至万历四十七年己未，邑侯闽生王公，敦请相国叶文忠重修。多方纂集，欲勒为成书，以诏来祀。因相国赴召不果，即建置、官师、选举、人物，仅及万历庚申而止。先忠烈公尝取而卒业焉，颜曰新志。又因历仕殉难，垂成而废。从兹寥寥，鲜有起而任之者。无论已锓旧乘，不宜湮没弗彰，即叶文忠公殚数载苦心，光千秋盛举，竹帛烟霞，经纬日月，前劳难弃，美业当成。况溯甲午迄今壬子，计一百四十余载矣，其间风俗递变，赋役屡更，文献缺典，山川改观，前人之纪载未详，异日之舛讹②益甚。及今不辑，后将谁问？

适承部文颁行，俾各郡邑将山川形势、户口田赋、风俗人物、疆圉险要等事，接古续今，纂辑成编，上备国史采录，诚千秋不朽之盛举也。因念前贤有未竟之绪，余不揣疏庸③，欲续而成之，乃谋同志，重理旧章，依例分卷一十有二。其或世远时殊，尚烦增补者，爰取裁于何司空《闽书》、林文恪《府志》、曹宗伯《八闽名胜》、邵中丞《闽省贤书》；或访诸高年，或蒐诸遗集，或采巨宗家乘④，或摩往代丰碑。凡先贤懿行，有征必书，闺烈幽芳，无微不阐，庶几风化有关，典章不泯，足以信今传后，则诸缙绅力也。

余何劳之与有？

康熙壬子孟冬，邑人后学郭文祥谨识。

〔注释〕

①竟：完成。

②舛讹：谬误，错乱。

③疏庸：（才能）浅陋平常。

④家乘：家谱。

〔作者简介〕

郭文祥，字孟履，号莲峰，应宠子，福清海口人。崇祯十三年（1640年）进士，授胶州知州，后丁忧归。明亡，隐居黄檗、灵石山中。康熙十一年（1672年）参与编撰《福清县志》。著有《福唐风雅》《玉融人物志》《诸名胜记》。

游灵石山记

郭文祥

　　灵石山在融邑清源里，离城西四十里许。由石竹至香山，西渡灵源桥，遥见菁丛掩映，烟火鳞叠，是为园尾村。从兹过石笋桥，逶迤而上，两山夹岸，幽径僻狭。再进数武①为半岚桥。桥前有亭，旧曰"三沭"，即今观音亭，为进寺之始。亭之下溪水奔泻，有百折之势，灵石一山之水从此出焉。昔作桥以锁之，名锁钥桥，今桥圮而基犹存。从观音亭南行道上，如入武陵深处，宋朱晦翁勒于石巅曰"蟠桃坞"。临溪为"深潭"、"松门"，二基在焉，传为胡僧塔。僧有神术，至今鸟雀不栖塔顶。再进，路旁有摩香石，石罅生香，手指擦之，馥气经时不散。上有一石，镌曰"云岩"，楷书刻"才翁丁亥岁记"六字。才翁姓苏名舜元，宋庆历间为闽观察使，尝同邵去华登此中。一大石平方如屏，名曰"石屏"。旧有榭，昔宇文颐踞坐其上，迟迟而不忍去。左为通天桥，过桥有小岩石，像观音在焉，为"观音岩"。岩后有两石于人比肩，一镌"伯常"，一镌"颖叔"，向未审其义。宋名公张徽、蒋之奇、程师孟篆诗三首附之。近阅郡志，始知颖叔者，奇字，伯常者，徽字也。

　　从此道由畔而行，群石屹立，错如碁②置。溪畔有大石与路上一石上下相应，传为"雌雄石"。石旧篆"通天桥"三字，字灭没，稍辨其意。后晦翁又大书"灵石山"三字同刻此石之上。溪中有石圆如钵盂，中可受水，曰"钵盂石"。隔溪一石如矶，树荫上覆，曰"戏龙台"。溯溪而回，少憩张公宫，宫旁有同普塔，塔前为险桥，过桥有石一片立于田间，曰"仙人碣"。一路宏阔四五丈，长数百步，名曰"宝街"。又进为苍霞亭，旧址书匾系晦翁笔，相国叶文忠取以名集。亭址前有古桂二株，盘曲若虬龙。在大枫树之下，溪流绕其侧，堪以避暑。又进，旧有素波台，转即山门前矣。宋志载，此间有偃松亭、散花堂、白莲社、绝尘庵，俱成古迹。从观音亭入此可二里许，六桥三亭，或存或毁，然花卉醃䣶③，袭人衣裾。其树多枫、柟、樟、楠，夹道参天，百围蔽日，真如游阆风之苑，令人神魂俱泠也。山门前有华表，西待月楼，东放鹤楼，皆没芊草中。旁有一石，古篆“溪光台”三字，从苔藓中扪而得之。但见一带寒溪波光如故，欲问二台，则为寒烟碧草矣，为凭吊久之。

按本寺唐武宗时，僧元修诛茅于此，常诵七俱胝咒，会避会昌禁，深入谷中。今山中故址，皆曰“深居”。宣宗时，出贡金买山，始创经舍，名翠石院，遂赐额“灵石俱胝院”。宋天圣初，有高士林拷字图南，舍宅为寺，给田以供僧众，遂成禅林。其主席者皆大宗匠，如启涛、佛心、山堂、直庵诸大志，道振一时，与三山雪峰、玄沙、鼓山诸巨刹并称隆盛。至明，僧众寥落，殿宇圮毁。迨万历间，同我禅师来主是山，集诸徒众，重新修葺其再传为曹源和尚，志图重兴。辟法堂，建东西方丈东偏为斋堂，西偏为塔庵。二师之塔，两山相望，但隔一溪矣。大清康熙甲辰，诸檀越念法席不可空悬，礼请鼓山为霖大师。为振宗风，师复募建大雄宝殿。时巨杉为海禁难运，即以本山数百年古枫各高五丈余，取为殿柱，规制宏敞，其龙象多缘山灵早储巨材，以壮此琳宫绀殿观耶。架梁之辰，余偕陈学钝、允宁二同社瞻拜其下。虽楼阁台榭尚犹有待，而巍峨层耸，固已成一大禅刹矣！且重妆宝相，再铸洪钟，师之愿力，真能扶起茎草，撑天柱地，以盖覆将来者也。山诚以人重哉！寺后古梅下竖一片石，昔人题为“飞来”。后屏为九叠芙蓉峰，其势插天，层级可数。峰多奇树，有罗汉松一本，可蔽十牛。峰下有泉从石罅出，名“九叠泉”，勒碑志焉。在今法堂之后，长松茂竹，森蔚其上，视他所特高。昔一亭踞之，为高视亭，今亦久废。

亭旁古树有老亭缠绕，复穿拂丛林中，长不可迹。时或倒垂，曳之摇荡如巨绳，其色绀赤，不令石竹山独擅其美。四望群峰拱列，曰弥勒峰、香炉峰、金峰。最奇者曰报雨峰。土人以鸣为雨候。久晴不雨，每闻风呼木啸声，不一二日即应。对面号弹山，是寺堪舆云"凤凰闪弹穴"，故山因以名。寺南一里许，过溪上有龙潭坑，潭顶有仙人岩，遗踪古迹尚留于石。山溪绕田行又里许，有寺为灵谷庵，庵后有泉，清冽甘美，为本山第一泉。庵前两山皆千寻翠壁，下有二大溪汇为一潭，瀑流湍急，大石砥之，水啮石间潺潺有声，名曰"漱玉"。循小岭而登，环山多茶。上有雪庵，庵旁为南亭，亭外有菩提树，疑自佛国移来。庵中古梅苍柏，红白木笔，各数十本参差石几间，可坐可卧。仰望峭壁如城眉天半，盛暑若冰壶，即留雪嶂。倘建春霄宫，当睹北桃雪藕，洵④非人间境也。由嶂以东又有三叉源，沿源而南，其绝高处为蟒洞。洞甚深邃，上有圆窍通天。初至洞口，寒气透骨。文忠公所云"阴洞还生六月寒"者是也。或曰即碧玉洞。洞巅有路，平坦可通黄檗。其山势与五云相连，惜岭足峻绝，艰于攀跻，遂使两山遥隔，人未得一涉，而竟然亦各成其胜矣。余闻朱晦庵三至灵源，游兹山半载，拟构书院其中，故留题最多。因叹晦翁足迹半天下，其胸怀亦殊绝千古，凡玄岩宝坊，无不挥洒。余辈规规然蜗国酲天，即玉融佳胜未能穷览万一，岂不令名山笑人耶？乙巳孟夏复同中表施君贞并诸生扶杖登临，盘桓十数日，按志所载，遍搜其概，姑为详述本山之始末位置如斯，若夫达观之士，豁开只眼领略风光，林峦洞壑潭涧木石，自有真文炳著，不待余赘矣。

〔注释〕

①武：半步。

②碁：同"棋"。

③馣馦：花草的香气。

④洵：诚然，实在。

209

重修《福清县志》纪事

林　昂

　　邑之有志，所以征往也，纪实也，表微也。征往以察变，纪实以彰信，表微以劝善，其有史之意乎？然志似易于史，而实难于史。史修于朝，论断前数百年事，是非予夺，无有挠者。志修于乡，桑梓之邦，亲故所聚，必欲秉公稽核，则嫌怨易生，而谤议遂起，故任之难其人。而修之不适其时，时积而久，事积而多，至于老成凋谢，残编简蠹①，无可征质，不愈有难焉者乎？

　　福清志重修于康熙壬子，历今七十余年，修之又其时也，而无有任之者，惩其难也。邑侯南丰饶公，莅任六载，兴废举坠之余，复留心邑乘，猥以是事委余与邑中诸君子。余自惟固陋，老而且疲，乌能为役？但思侯理剧邦，政事纷沓，犹倦倦于斯，吾侪生兹土，顾可诿耶？且侯今倡之，无与成之，后此知复何时？因与同志勉承斯任，折衷前志，搜访旧闻，采辑近事。凡所论列，矢之以公，审之以核，不阿于势利，不徇②于亲串③，无愧于心，而可告于世而已。

　　夫政随时改，事与化迁。壬子以来，更阅数十年，其间制度典章不无因革，疆圉险易不无创易，户口田赋不无盈虚，此往事之可征也。福清虽地处陬噬④，素有邹鲁之风，况沐浴圣化百年中，沦浃深久，忠孝义烈之行，文章气节之儒，不乏其人，然非实录不纪也。他如奇德隐行，或销声匿迹以自韬晦，或穷乡敝族无人显扬，使怀抱孤贞者与枯草腐木同萎落于深山寒谷之中，宁非恨事！故搜潜抉幽，为闻见可及者，无微不表也。与诸君子共秉此意，以成此书。非敢曰备一邑之史，但使后之官斯土者，知政治之由，文物之

化，山川土地之宜，风俗人心之故，而举偏补弊，革薄从忠之有
自，则不无助于万一也。

　　时乾隆丁卯仲秋上浣，邑人太史林昂谨题。

〔注释〕

　　①齾：缺损。
　　②徇：依从，曲从。
　　③亲串：亲近的人。
　　④陬噬：偏远的角落。

〔作者简介〕

　　林昂，字嘉超，号若亭，福清海口梧屿人，清康熙五十一年
（1712年）进士，授编修，曾参与编撰《福清县志》。

慧国禅师五秩序

叶观国

玉融，余梓里也，其间名胜道扬而郭庐①为最。余往岁回籍，尝至其地。见夫幽崖奇谷，别有洞天，古之达官游客，勒诗纪胜者，山无虚石。何先正之作曰："入门奇石各含笋，公与嘉名种种夸。我看总来无一似，福庐大地出莲花。"曲尽形容，可以见其大概矣。主持山门，代有高僧。近若上人国翁禅师者，了彻玄机，其火候之到如梅子熟。而且酷嗜儒学，与乡之缙绅先生□莲社交游，余族侄明经时隆君与焉。予闻其事，神为之往，每期宦游之暇，得以再至其地也。

兹值孟秋之谷，乃上人五秩诞辰，文人学士与释之善诗者，各拈韵赓歌。族侄问序于予。余虽未与谋面，然回忆郭庐名胜，先正何公"大地莲花"之句，以及上人业释崇儒，追远公高躅②，人以地重，地以人益重，亦奚③能无言哉？至支繁派远，则里闬④所悉矣，余不赘。

〔注释〕

①郭庐：即福庐山。

②躅：足迹。

③奚：疑问词，何，怎么。

④里闬：闬是里巷的门。里闬是家乡、乡里的意思。

212

〔**作者简介**〕

　　叶观国（1720—1792年），字家光，一字毅庵，高祖起寰，明季由福清五十九都海头徙居闽县。观国以乾隆辛酉拔贡生，举丁卯乡试，辛未成进士，选庶吉士、授编修。癸酉科典河南乡试，丙子科典湖北乡试使，旋至真定府，即奉命督学云南，庚辰科典湖南乡试，壬午科充顺天乡试分校，是年十月又奉命督学广西。任满，丁外艰归里，服阙入都补官教习、庶吉士，充日讲起居注官。辛卯科典云南乡试，壬辰科充会试分校。乾隆四十年归闽，主讲泉州清源书院者四年。

灵石寺志序

道 霈

山灵显晦有时，人遇山川有缘。苟非其时，非其缘，虽有若无，遇犹不遇也。灵石为玉融巨刹，创于唐，兴于宋，实曹山耽章禅师脱白处。其主席旨宗门巨匠，如佛心、才山、堂洵，备载传灯诸书，可考也。入明寖衰，至万历初，殿宇圮毁，僧徒沦没。同我禅师以郡名诸生，挂冠披缁，栖止其中。徒众云从，行业精苦，晨钟夕梵，稍复清规。叶文忠公过往赠诗，有"安得舍身从老衲，坐看初地布黄金"之句，其见重如此。同公涅槃后，上首弟子曹源溢公继之，重建法堂，请方册大藏经，以本分事训徒。诸徒子皆能仰遵遗范，克肖前懿，灵石之名遂骎骎然有闻矣。今夏施虹涧①、郭莲峰②两先生，幅巾杖履，相约来游，淹留旬日。攀萝缘磴，蒐③剔诸名胜，其朱晦翁、张徵、蒋之奇、程师孟诸贤题咏，皆于苔藓中扪得之。复得宋参军许难纪胜诸诗文，又作记序，详纪其事。且率诸巨卿名公和朱夫子、叶文忠诸作，前后搜罗，共得若干首，集成巨帙，列为四篇，曰形胜，曰建置，曰僧宝，曰艺文。而兹山之岩峦、树石、殿阁、楼台，高僧硕儒，佳文丽句，大概已见。灵石诸胜，从此当益大著于世矣，岂非时哉？两先生当代名公卿，所遇极通显，然犹注意名山一景、一泉、一石，广探博采，亹亹④不倦，苟非与兹山夙有因缘，畴克尔耶？书成，将付梓以行世，命余弁首。余愧不文，无以发两先生幽怀雅趣，为此山增重，聊举时缘二义塞白，两先生其不以我为诞乎？

时康熙乙巳仲秋，鼓山道霈题于圣箭堂。

〔注释〕

①施虹涧：即施起元，字君贞，虹涧为其号。顺治六年进士，授广东右参议，分守岭东道。八年摄学政，旋以丁忧归。曾主持重修海口文昌宫。有《荔惟楼诗文集》等著述传世。

②郭莲峰：即郭文祥，康熙十一年参与修撰《福清县志》。有《福唐风雅》《诸名胜记》等著述传世。

③蒐：同"搜"，寻找的意思。

④亹亹：形容勤勉不倦。

〔作者简介〕

道霈（生卒年月不详），字为霖，清代福建建安（今建瓯）人。福州鼓山涌泉寺第六十五代住持。

他本是建安县（今建瓯）丁少轩之子。7岁时学《论语》，就能理解大意，他父亲觉得很稀奇。14岁时得了一场大病，他母亲在观音大士面前许愿，要是他的病能治好，就送他出家终生侍奉佛祖。后来他病好了，就送他到东门外白云寺出家，拜僧深公为师。他学习各种经学功课，都能讽诵如流。初时，参瓶窑闻谷禅，有所省悟。接着又到东溪荷山参拜永觉师，令他看《柏树子话》，却觉得很难理解。后来又到杭州各寺院听讲学习，经过5年的努力，通晓《法华经》《楞严经》的主旨。以后，回到福建，师事鼓山永觉禅师，每日坚持学习、锻炼，彻底理解佛学佛经。永觉禅师圆寂后，由道霈继任住持，开席讲法，四方归皈。清康熙八年（1669年）回建宁府（今建瓯）。后来，驻锡政和的宝福寺。康熙二十三年回鼓山，修养更加高深。

道霈一生勤俭自励，只持一瓶一钵，个人不留一点积蓄。88岁圆寂。著有《旅泊庵稿语录》196卷。

重修《福清县志》序

饶安鼎

古今之事总于史而详于志。盖史揽其大而志兼其细。《周礼》以外史、小史领邦国四方之志，十五国之风谣类得以上于天子，所由不下堂阶而周知天下之故也。今天下大一统矣，车书文物之盛，远轶前古，曩者朝廷命各直省纂修通志，诚古者采风意也。然郡缀于省，县缀于郡，而省与郡之志不如县之详且核。

福清旧有志，自明代至今，修者不一。本朝修自康熙壬子，后此七十余年，纪载阙①焉。其间因革异制，质文异数，人物政事，日新岁改，固有云蒸霞变而难以卒诘②者，脱非书以纪之，几何不令驱车苍止者徒作望洋之叹也！

余承乏斯土，簿书鞅掌，有志未逮。但念六载于兹，此事阙而不举，将迁流浸远，事往迹湮。后之人期考故实而察民风，徒怅悒于文献之无征，则余亦无所辞咎也。因谋于邑之缙绅先生，幸有同志，遂设馆于明德书院，肇始今岁春之正月，于秋八月竣事。发凡起例，视原志有所增损，其他当仍者罕异同焉。详其略，补其阙，间亦有之。若壬子以后，则今兹所致详也。于山川见形势之雄，于建置见区画之备，于户口见生齿之繁，土田辟而贡赋不增，学校饬③而人文日盛。士重廉耻，女秉贞懿，忠孝节烈，光于简策。足以见本朝重熙累洽渐摩休养之功，愈知此书之不可已也。

是役也，编摩采辑，赖乡先生秉良史之才，必慎必确，务期合乎人心，通乎世道，以无诡于观风问俗之意。余不敏，不过藉手以告厥成云尔。

时乾隆丁卯桂月，邑令南丰饶安鼎题。

〔注释〕

①阙：缺。

②诘：责问。

③饬：整顿、整治。

〔作者简介〕

饶安鼎，江西南丰人，乾隆年间任福清知县。

黄檗寺缘簿序

张缙云

福清有名胜二：一为灵石，一为黄檗。两寺相距，循山麓而行约有数十里，而其中实隔一峰。石磴巉岩，草树蒙密，非樵踪弗至焉。余以癸未夏五视事兹土，便道下乡。先诣①灵石，次至黄檗寺，各有田而皆质于人。遣吏诇②之，民皆归其田于寺，不取偿一钱。寺俱倾圮，黄檗尤甚。灵石僧以募缘疏请，余诺而许之。未岁，黄檗僧亦以募缘疏请，盖寺宇视灵石为多，工用且巨，僧非得已者。

夫二氏之教，儒者弗尚，然地有名胜，相传数百年，一旦视其颓败，不一整理，亦守土者之责。四方君子，谅有同志相与输金购材成之。俾③两山巍焕相望，钟鼓相闻，衲衣梵呗之修，与曩时相接。起邑之人，登中峰而望之，相与话长吏兴废之心，质家还田之举，与大众布施之盛，其为胜事，亦可附名山于不朽矣。是为疏。

〔注释〕

①诣：到。

②诇：试探。

③俾：使（达到某种目的）。

〔作者简介〕

张缙云，河北保定人，清代嘉庆年间曾任福清知县。

续修黄檗山志序

张缙云

黄檗之名赫于震旦，几与鹿苑、鹫峰争胜，盖其山水实佳，峰峦连沓；一溪横焉，循麓穷溪，峙然殿阁，旷如奥如二者殆兼，地灵人杰，语不诬矣。旧尝有记数卷，略记山川林麓之胜，与夫寺之废兴，而偈语游篇亦载焉。岁久不修，板字漫漶，数十年棒喝之遗，兴咏所及，又与落叶飘风逝焉俱泯。和尚一庵三住是山，甲申岁寺久颓废，余既为新之，一庵亦遂裒集①散佚，授之梓人，缀于旧志之后。美哉一庵，盖不能忘情者矣。

余闻佛法不立语言文字，其视天下废兴成败之迹，□然无动于中。今一庵拳拳若此，是有意后世之名，于其宗法不免多事焉。虽然，日日运行，寒暑代嬗②，饮食男女，负贩种艺，人生旦昼间，一日不死，不能一日无事。其废兴成败之数，虽宣圣挺生，不能不听之于天。而其有生而必有事，有事而必待为之之人，即佛之乞食说法，接引众生，亦所谓不能无事也。然则一庵之续为记，而并以乞序于余，余佞佛辟佛之说，悉可拈花一笑③也。

乙酉岁正月，以公事便道又至黄檗，值一庵在会城未来。余见寺之田亩悉归，寮舍廊庑悉整，朝夕梵呪之音，师徒威仪之节，亦悉如曩时之盛，而山木宿经斩伐者多剟焉未补，乃市松秧三十束种于寺山前后，计十年之后崭然可观，又更数十百年其蔚然苍然又不知若何为兹山增胜。是役也，一庵闻之，又必谓余亦未免多事，而其不能忘情则一也。

赐进士出身、福清县知县保定张缙云题。

〔注释〕

①衰集：聚集。

②嬗：更替，蜕变。

③拈花一笑：佛教语，比喻彼此默契，心心相印。

复黄檗寺田记

张缙云

自灵石归，不数日又适以事遂诣黄檗。盖福清饶佳山水，首推灵石，次即黄檗。而旧刹之存，亦惟两山之寺为最古。灵石之田，二百八十亩质于人，黄檗之田，七百八十亩亦质于人。遣吏谕之，一如灵石，旋黄檗之田亦复。福清剧邑也，赋税、讼狱、盗贼、邮传甲于他邑。莅事以来，无一治绩，而两寺之田，乃得之于不旬日之间，岂佛法所谓有缘者耶？抑越人好鬼，其俗使然耶？是亦可喜矣。

灵石寺宇不及百间，黄檗则百间不止。灵石惟前殿不支，其余固皆完好；黄檗佛殿完好，而其余则几无一椽可覆。远近闻之。欣然市募，醵①钱兴工，土木翕②集。盖自僧舍荒凉，法侣散去，及是而复归，已历一纪。而后黄檗之梵唱，始得与灵石之钟鼓相闻于两山之间。

夫物之成毁有数，古之言天者每以一星为期，岂一梵舍之兴废，亦关天道耶？而人事实因之，固未不然矣。是说也，姑无深论。寺中有旧碑，亦载雍正年间寺僧已有质田一事，遂踵其事而勒石以记之。

黄檗为融邑名寺，山志乃千古流传。自梁江淹、唐宣宗、宋晦翁、明曹学佺、叶向高迄大清，名人间出，咸于黄檗寺留题志、序、诗、记，其墨迹至今存焉。虽云山以僧名，亦志以人重。

戊子暮春，予游福唐。是夜，僧清怀师出续修《黄檗志》与予观之。予百复不厌，兢兢然郑重焉。及阅此篇末行，不觉忽为色沮③。试思长班地保何物，郑喜、林树齐何人，厮卒之流，竟以厕④名公巨卿侧也。此志不几卑污耶？作者昧，梓者亦不通。时即质之清怀师，师亦甚恶，辄笔删之。愤鄙之下，付之一笑。

〔注释〕

①醵：大家凑钱。

②翕：收。

③沮：（气色）败坏。

④厕：参与，置身。

《黄檗山续志》序

兰圃清馥

　　檗山者，玉融之胜概；万福者，临济之禅宗。前有唐宣宗观瀑作之于先，继有叶相国护藏续之于后，其间兴废创因，不可胜数，且旧志已详言之矣，馥亦毋庸再赘。越至乾隆年间，栋梁渐被魑魑[①]剥落，殿宇旋惊风雨飘摇，幸有檀越叶相国之后旭溟老先生同迳江林镇先生，暨莆阳心鉴周公后裔诸檀那等，承先人志，发老婆心，作为倡首，今馥同僚执事界阳、心存、继宗、继芳等遍处劝捐，而寺宇焕然一新矣。

　　时欲延馥主席本山，奈才学谝[②]浅，未敢擅专，就于寺中主持。数载后，旭以公车北上，馥以耄耋南旋。不料沧桑易变，阅数十年而寺宇渐复倾颓，缁流尽皆散处矣。适逢玉波张明府大护法福曜垂临，睹常往之凋零，作中兴之首倡，命衙权丁官砾、徐士魁、李廷芳、郑士忠等培松植柏，序志归田，香霭重其氤氲，瑞照增其朗耀。故事必有倡之者其成速，有续之者其成尤速，因与在寺住持、监、副、执事及侄宏心等殚心竭力，董造募金，而寺宇于焉复整，缁流由是悉归。此张明府之功居多，而诸住持之力不少也。

　　癸未岁，复蒙张公延为主席，馥以老辞，而合邑诸绅衿及本山诸禅师荐牍叠临，惟有点头而已。启戒后，与合山法眷议及所以续修黄檗志者，而法眷亦有是意，于是共襄其事，重辑纂修，不数日而成功矣。

　　嗟乎！寺志自隐元国师修后，迄今百七十余年，版图残缺，简牍消亡，倘不从而重订之，将何以继往而开来乎？写林泉之幽胜，集群彦之诗词，作为冠篇，鼎峙兰若[③]，俾万古以长存，历千秋而不朽矣。是为序。

　　道光岁在甲申季冬上澣，主席檗山第四十四世兰圃清馥题。

〔注释〕

　　①鼪鼯：鼪，黄鼬，即黄鼠狼。鼯，哺乳动物，外形像松鼠，前后肢之间有宽大的薄膜，尾长，背部褐色或灰蓝色，生活在高山树林中，能利用前后肢之间的薄膜从高处向下滑翔。主要食物是植物的皮、果实和昆虫等。

　　②褊：狭隘。

　　③兰若：佛教名词，泛指一般的佛寺。

〔作者简介〕

　　兰圃清馥，清代人，高僧，檗山第44世主席。

晓谕粤省士商军民人等速戒鸦片告示稿

林则徐

　　为剀切晓谕速断鸦片以全生命、以免刑诛事：照得广东为声名文物之邦，自古迄今，名儒名宦，代有伟人，闻者莫不起敬。不料近年以来，多沉溺于鸦片烟，以致传遍海隅，毒流天下，推其源则为作俑之始，究其极几成众恶之归。凡各省之贩鸦片者，不曰买自广东，则曰广东人夹带而来也。吸鸦片者，不曰传自广东，则曰广东人引诱所极诸大辟，盖必使之扫除净尽而后已也。本大臣由楚省奉召进京，面承训谕，指授机宜，给以钦差大臣关防来此查办，尔等皆已闻知。试问向来鸦片之禁，有如此之严紧否？如此严紧而尚可以观望否？且钦差大臣关防，非重大之事不用，今蒙特旨颁给，其尚能将就了事否？本大臣与督部堂抚部院凛遵严旨，惟有指天誓日极力驱除，凡攘外靖内之方，皆已密运深筹，万无中止之势。除再严拿窝积兴贩立置重典外，惟念尔等吸食之辈，陷溺已深，不忍不教而诛，特先悉心开导。夫人以己所不食之物而令人食之，即使不费一钱，亦为行道所不受，乞人所不屑。况鸦片在外夷人不肯食，而华人乃反甘心被诱，竭赀冒禁买毒物以自戕其生。吾民虽愚，何至如此！是比诸盗贼之用闷香，拐带之用迷药，妖邪之用蛊毒，以攫人财而害人命者，殆有甚焉！且财为养命之源，尔等银钱都非容易，将银换土，可笑孰甚！舍钱服毒，可火哀孰甚！尔等独不思瘾作之时，纵有巨盗深仇凶刀烈火来至尔前，尔能抵敌之乎？惟有听其所为而已。尔等生长海滨，非同腹地，不可不思患豫防，奈何任人愚弄，不惜性命，不顾身家，一至于此！夫鱼贪饵而忘钩，蟹贪光而忘火，猩猩贪酒而忘人之欲其血，彼原自取，何足深尤。所患者，污俗不回，颓波日沸，则人人皆委顿，户户皆困穷。此邦之人，将何恃以不恐乎！梓桑绅士，宜有以训俗型方，讵①忍安坐迁延，不一援手？而士为四民之首，品行为先，一溺其中，直成废物，若不痛改，朝廷岂用此等人？日泾以渭浊，薰因莸②臭，万一上干圣怒，一概视为弃材，恐于全省仕路科名大有妨碍，不可不虑也。至闾阎③虽众，而十室必有忠信，不能不寄耳目于地邻。向来文武衙门弁兵差役，破获原为不少，而民间惮于查禁，遂以栽害攫物徇纵诈赃等弊纷纷藉口，此固不能保其必无。然兵役作弊例应加等惩办，官员徇庇尤必立予严参，果有被诬被诈之人，申诉到官，必为昭雪，但不能因噎废食，使查拿者转为松劲。本大臣上年在湖广所拿各案烟犯，凡员弁带往兵役，临时先令自行搜检，迨查拿出门，又令本官一搜，不许带人物件。今亦通饬照办，除另刊章程十条并各种断瘾药方，分别檄行严禁外，合亟出示晓谕。为此示仰合省士商军民人等知悉：凡从前误食鸦片者，速即力求断瘾，痛改前非。省城限以二月起至三月底止，各府州县以奉文之日起勒限两月，务将家有烟枪烟斗几副，杂件烟具若干，一并检齐，赴所在有司呈缴。如惮于自缴，则或父兄及邻右戚友亦准代缴。但期能改即止，并不查究来历，请问姓名。惟不许以新枪假土朦混捕塞，致干重咎。尔等须知无不可断之瘾，而贵有必断之心。上年曾见湖广之人，有积瘾三十年日吸一两而居然断去者，断后则颜面发胖，筋力复强，屡试屡验。岂有别省皆可断，而广东转不能断之理？即谓地有瘴气，尽可以槟榔旱烟解之。省费适口，且不犯禁，何不以彼易此乎？自示之后，倘仍执迷不悟，匿具不缴，则其玩法抗违，惟有挨查牌甲，责令举首，一面严密搜拿。凡尔吸食鸦片者，处处皆死地，刻刻皆危机，其能藏匿幸全者，未之有也。至窑口烟馆，经督部堂抚部院节次严拿治罪，现在关闭者多。然第暂歇一时，以为官禁不能长久，孰知此次非往时之比，不净不休。其将烟土潜藏者，欲俟查拿稍松仍行偷卖，尤为可恶。现有妥线分报查访，一得确信，即往严搜。破获者尽法痛办，指拿者优加奖赏。其藏匿之房屋，一并入官。凡尔有些资本之人，何事不可图利，若前此误卖烟土，藏匿在家，速即自首到官，亦当分别量减。此因本大臣甫④经入境，法外施仁，断不能迟迟以待。若不趁此刻猛省回头，以后虽欲改图，噬脐莫及，身家性命所系，生死祸福所关，各宜凛之慎之！毋贻后悔。特示。

〔注释〕

①讵：岂，怎么。表示反问。
②莸：古书上指一种有臭味的草。
③闾阎：平民居住的地区。
④甫：刚刚。

〔作者简介〕

林则徐（1785年8月30日—1850年11月22日），福建省侯官（今福州市区）人，祖籍福清，字元抚，又字少穆、石麟，晚号俟村老人、俟村退叟、七十二峰退叟、瓶泉居士、栎社散人等，是清朝时期的政治家、思想家和诗人，曾任湖广总督、陕甘总督和云贵总督，两次受命钦差大臣。因其主张严禁鸦片，在中国有"民族英雄"之誉。

1839年，林则徐于广东禁烟时，派人明察暗访，强迫外国鸦片商人交出鸦片，并将没收鸦片于1839年6月3日在虎门销毁。虎门销烟使中英关系陷入极度紧张状态，成为英国入侵中国的借口。

尽管林则徐一生力抗西方入侵，但对于西方的文化、科技和贸易则持开放态度，主张学其优而用之。根据文献记载，他至少略通英、葡两种外语，且着力翻译西方报刊和书籍。晚清思想家魏源将林则徐及幕僚翻译的文书合编为《海国图志》，此书对晚清的洋务运动乃至日本的明治维新都具有启发作用。

1850年11月22日，林则徐在广东普宁老县城病逝。

清代

颁发查禁营兵吸食鸦片规条稿

林则徐

札广东水师某知悉：照得营兵吸食鸦片，屡奉谕旨严饬①，又经历任两广督部堂广东抚部院再三诰诫，其中能自改悔者固不乏人，而既违明禁仍蹈故辙者亦复不少，大抵巡洋师船停泊之时，舟中无事，有一二人吸食，因而引类呼朋，群相效尤②，遂成锢习，又有搜获烟土，并不全数缴官，假公济私，隐匿入己，因而煎熬吸食，甚且售卖得钱。同伍则朋比为奸，匿不举首；备弁亦通同庇纵，利其分肥。以致吸食者习为故常，售卖者视为利薮。名为健卒而精力疲惫不堪，委以查私而贿赂公行滋甚。此种积弊，实堪痛恨！本大臣前在楚省，业经设法查禁，著有成效。兹复奉命来粤，查办海口，兼以节制水师，访知弁兵痼蔽③已深，几于固结莫解。现与两广总督部堂邓、广东水师提督关会商，严定五人互保之法，以除积弊，而挽颓风。除该管将弁有犯此者，许所属营弁头目人等据实禀揭，考验特参外，合将规定规条特札颁发。札到，该□立即转行本属各营将弁，于文到五日内，立将该管兵目住址、籍贯、切实姓名，详造花名细册，呈送本大臣察核，以凭点派互保。其中有久惯吸食，该管将弁知之最详者，速即开除名粮解县严办，毋得冒滥列册。其馀注保等事，悉照另颁规条办理。将弁中如有沾染吸食者，亦即揭参究惩。毋少隐讳，致干徇庇之咎。凛之慎之！特札。

〔注释〕

①饬：整治。

②尤：过失。

③痼弊：经久难以改掉的癖好。

札发编查保甲告示条款转发衿耆查照办理由

林则徐

清代

札□□知悉：照得鸦片来自外洋，流毒中国，先经督部堂邓抚部院怡会同剀切晓谕，至再至三，而积习已深，窑口兴贩、烟馆吸食等项，虽不敢明目张胆，显违功令，无如踪迹诡秘，侦探愈难。所赖地方文武，振刷精神，明示以立法之严，直抉①其玩法之隐。立限首缴，已往之罪尚可宽；设法周防，再犯之法无可贷。须知章程一定，即当永远奉行，与其贻悔将来，不如先筹善策。本大臣恭膺钦命，按莅粤东，惧玉石之不分，贵莠良之早辨。窃愿与忠信之长，慈惠之师，求所以塞其源而截其流者，莫如保甲为最善。而保甲章程，则自嘉庆十九年颁行以后，每岁无不查催，条款非不周备，无如各省牧令，视为具文，按年勒令地保造呈烟户细册，地方官发房存案，全未寓目，书差责取陋规，地保藉图分润。究之编查是否确实，有无舛错遗漏，所举甲长牌头是否公正，无由稽核。是官长未收保甲之益，而民间反受保甲之扰矣。如此痼习，可为浩叹！兹本大臣明定章程，悉由地方官敦请邑中公正绅士为之综理，再由绅士公举各乡公正衿耆分理本乡事宜。如有隐匿遗漏，惟分理是问。至牌册纸张及书吏饭食，官为捐办，不许丝毫骚扰，不经吏胥之手。除将应行告示规条并断瘾药方札发遵照严禁外，札到，该□□即将发来告示条款，断瘾药方转发各属，布散各衿耆，并查照规条内所开结式，饬令妥为办理。俟②册缴到日，即亲身赴乡，挨户点查，如查有兴贩吸食实据，即照例严拘究办，毋得草率徇隐③。仍先将奉到日期具报查考。此札。

〔注释〕

①抉：剔出，剜出。

②俟：等待。

③徇隐：徇私隐瞒。

饬拿贩烟夷犯颠地稿

林则徐

札广州府暨南，番二县知悉：照得本大臣此次来粤，仰蒙钦交烟犯姓名事由，内开"一夷民颠第，递年逗留省城，凡纹银出洋，烟土入口，多半经其过付。该夷民常与汉人往来，传习夷字，学习讼词，购阅邸抄①，探听官事，又请汉人教习中国文字，种种诡秘，不可枚举"等因。查颠第即颠地，本系著名贩卖鸦片之奸夷，本大臣到省后，即欲委员前赴夷馆查拿究办，因该府县等面禀，夷馆中各国夷人畏法者尚多，非尽如颠地之奸猾，请先分别良莠②，再行查拿，是以先令洋商赍③谕前往开导，令将烟土呈缴，并具永不夹带甘结，尚可宽其既往，其不缴者立即惩办。去后，兹复据该府县等面称，"闻得咪利坚国夷人多愿缴烟，被港脚夷人颠地阻挠，因颠地所带烟土最多，意图免缴"等语，是该夷颠地诚为首恶，断难姑容，合亟札饬、拿究。札到该府等，即赴十三行传谕洋商暨夷人等，以本大臣奉命来此查办鸦片，法在必行，速将颠地一犯交出，职候审办。此外，夷人仍当分别良莠，如咪利坚夷人果知畏威怀德，将烟土首先呈缴，不听颠地阻挠，定即先加奖赏，即英咭利及港脚诸夷有先行呈缴者，亦必一体加奖，断不因颠地之愍不畏法，面连及能知改悔之人。至于安分良夷，本无夹带鸦片，本大臣尤必力为保护，不必心存疑虑。但当晓谕夷将已来之鸦片速缴到官，未来之烟土具结永断，共作正经卖买，凛天朝之法度，即享乐利于无穷，不得自外生成，致干宪纪。一面将夷犯颠地译讯确供，禀请核办，毋延。特札。

231

〔注释〕

①邸抄：中国古代官府用以传知朝政的文书抄本。

②莠：一种样子像禾苗而会妨害禾苗生长的杂草。后用以比喻坏人。

③赍：怀着，抱着。

谕缴烟土未覆先行照案封舱稿

林则徐

　　谕洋商伍绍荣、户继光、潘绍光知悉：照得现泊伶仃等处洋面各国趸船①，存积鸦片甚多，私行售卖，经本大臣谕令夷人将趸船存贮鸦片悉数缴官，着该洋商等将谕帖赍赴夷馆，明白晓谕，限三日内取结禀覆，并谕该商等遵照在案。现在未据回禀，是其意存观望，殊属违玩，应即先行封舱。合就谕饬。谕到，该商等即便遵照，将停泊黄浦贸易各国夷船先行封舱，停止买卖，一概不准上下货物，各色工匠船只房屋，不许给该夷人雇赁。如敢私自交易往来及擅行雇赁者，地方官立即查拿，照私通外国例治罪。所有夷人三板②，亦不许拢近各夷船，私相交结。至省城夷馆买办及雇用人等，一概撤出，毋许雇用。该商等仍遵照本大臣前谕，刻日取结禀办。倘敢违玩③，本大臣本部堂本部院定即禀明，请旨永远封港，断其贸易。凛之！切切！

〔注释〕

　　①趸船：无动力装置的矩形平底船，固定在岸边、码头，以供船舶停靠、上下旅客、装卸货物。

　　②三板：即舢板，是一种无动力的简陋的载重量很小的船。

　　③玩：玩忽，用不严肃的态度对待。

复郑夫人书①

林则徐

　　前日发一信后，昨日接连家书两函。一系七月二十一日发，一系七月二十五日发。知次儿病已霍然②，且已准备应试，甚以为念。余发此信时，想次儿已于矮屋③中缴卷出矣。前发一信，嘱不必应试，仔细一思，发函时正在风檐矮屋中接题起草，迨信到时，至快总在月底，函中云云，已成昨日黄花，不免多此一言。临颖④匆匆，竟未思及，真堪失笑。然使次儿因病未能考试，或以父为责为虑者，阅信后释然⑤也。此地鸦片触目，十户之中，吸者半数。即官场中染此者亦多，可恨之极！决意严行禁止。现正委⑥广洲道与英夷办理交涉，今后不得来此贩运，违者并禁绝其贸易，但未知有无成效也。大儿在京，闻睡时甚迟，交友犹多，未知染此癖否？当驰函⑦痛戒之。夫人如发信去，亦须得及，毋使余担心也。次儿三儿在家，承夫人督教，当不至此。惟闻族中子弟，亦有此不疲者，一入黑籍⑧，身体即臝⑨，今后将永远提不起精神，办不成大事，是亦林氏之不幸也。未知彼父兄所司何事，而竟放任至此，是真咄咄怪事。前据促常表兄来信，知夫人近患脚肿，何来信绝未提及？想已全愈矣！甚念。月底子嘉兄将回闽省亲，届时将托伊顺便一造⑩吾家。银两亦托伊带来。家中用途如何？可省则省，不可省处，亦不必过事俭啬⑪。王戎钻核⑫，终非佳士；布孙布被，亦属憸壬⑬。接人处事，当从大处落墨，一钱不会，余不取也。

〔注释〕

①1838年道光皇帝派林则徐为钦差大臣，到广州查禁鸦片。这封信是林则徐在广州写给夫人的一封家信。

②霍然：疾病迅速消除。

③矮屋：指科举考场。考乡试的地方叫"贡院"，内有只容一人身子的矮屋几十间、百间不等，考生各占一间。

④临颖：临笔写信。颖，笔尖。

⑤释然：放心。

⑥委：委派。广州道：清朝分一省为数道，道相当于现在的地区。

⑦驰函：急速发信。

⑧黑籍：俗称吸鸦片者为黑籍中人。

⑨隳：毁坏。

⑩造：前往。

⑪俭啬：节俭吝啬。

⑫王戎：西晋名士，"竹林七贤"之一，惟性极贪吝，广收八方园田，每自执牙筹（用牙制的计算器），昼夜计算。家有好李子，卖了怕人得种，钻核毁之。

⑬憸壬：指巧言谄媚、行为卑鄙的人。

给大儿汝舟书

林则徐

大儿知悉：

父自正月十一日动身赴广东，沿途经五十余日，今始安抵羊城。风涛险恶，不可言喻，惟静心平气，或默背五经，或返躬思过，故虽颠簸不堪，而精神尚好，因思世途险，不亚风涛，入世者苟非先胸有成竹，立定脚根，必不免为所席卷以去。近朱者赤，近墨者黑，此择友之道应尔也。若于世事，则应息息谨慎，步步为营，若才不逮而思徼幸，或力不及而谋癏等，又或胸无主宰，盲人瞎马，则祸患之来，不旋踵矣。此为父五十年阅历有得之谈，用以切嘱吾儿者也。汝母汝弟，身体闻均安好。汝二弟且极用功好学，父闻之，心为一快。客居在外，饥饱寒暖，须时加调护；友朋应酬，虽不可少，而亦要有限制；批阅公牍，更宜仔细，切不可假手他人。对于长官，尤应恭顺小心，即同僚之间，亦应虚心和气。为父做官三十年，未尝以疾言遽色加人，儿随父久，当亦目睹之也。闲是闲非，不特少管，更应少听，一有差池，不但殃及汝身，即为父亦有不测也。慎之慎之！

元抚手示。

给大儿书

林则徐

大儿知悉：

接来信，知吾儿三载在外，十月内将回籍一次，并顺道沿海路来粤一游，甚为欣慰。吾儿三载离乡，汝母汝妇，虽在家安居，然或则倚闾望儿，或则登楼思夫。客子归乡，天伦之乐融如。吾儿有此家思，不以外物而撄情，为父殊深喜许。父十一载在外，虽坐八轩，食方丈，意气豪然；然一念及家中状况，觉居官虽好，不如还乡。特以君恩深重，公务冗忙，有志未能申耳。吾儿在都，位不过司务，旅进旅退，毫无建树；而一官在身，学业反多荒弃，诚不如暂时回籍之尚得事母持家，且可重温故业，与古人为友，足以长进学识也。男儿读书，本为致君泽民，然四十而仕，尚未为迟，吾儿年方三十，不过君恩高厚，徼幸成名，何德能才，而能居此？交友日益多，志气日益损，阅历未深，而遽服官，实非载福之道。为父平日所以不言者，恐阻汝壮志，长汝暮气。今吾儿既日知汲长绠短，思告假回籍，孝以事母，静以修学，实先得吾心，又何阻为？惟有一言嘱汝者，服官时应时时作归计，勿贪利禄，勿恋权位；而一旦归家，则又应时时作用世计，勿儿女情长，勿荒弃学业，须磨励自修，以为一旦之用，是则用舍行藏，无施不可矣？吾儿其牢记之。迩来身体如何？须加意当心。父年事虽高，然精神甚旺，饭量更较前增高；汝母在家，亦甚康健，可勿深念。汝弟秋闱，虽蒙荐卷，未能入彀，此正才力不足，未可怨天尤人。闻甚郁抑，吾儿寄家书时，可以善言婉劝之，父有不便言焉。来书字迹颇潦草，何匆促至是？后宜戒之。

元抚手谕。

《福清县志》序

潘文凤

同治丁卯春，予奉檄权知福清县事。至之日，见县前坊字曰"文献名邦"，因憬然思此邦自唐宋以来，人文鼎盛，殆双旌五马山川钟毓之最灵者乎！顾未读县志，则犹无以征其全。不惟此也，凡夫疆域之广狭，户口之盈虚，田赋之多寡，风俗之盛衰，皆官此邦者所当知。未读县志则亦无以悉其详矣。

既受篆，即以旧志有无询于众。金曰："虽有而传本绝少，当徐为之访求。"经月余，始得一本，乃乾隆丁卯林嘉超太史为知县事、南丰饶定九所纂者。既思太史此邦人也，自乾隆丁卯至今一百二十一年，此邦无兵燹之患，则元板或未尽失，于是复为访求。久之，果得于邱姓生员家。惟残缺霉烂过半，所存全板亦多字画漫漶不可识。友人施可斋老而勤学，请助予校勘，不匝月告竣。乃亟捐俸，令人至省门觅剞劂氏之良者重刊焉。既成计之，凡全补者三百一十余板，修补者三十余板。盖虽仍旧，而实无异于更新也。此邦之文献，既可由此征其全，即官此邦者，于凡所当知之事，亦可由此悉其详矣。

虽然，予尚有望于后来者焉。太史所纂，盖本之康熙壬子县人郭孟履刺史旧本也，相去只七十余年，而其序已慨于政随时改，事与化迁矣。今去乾隆丁卯且一百二十一年，则凡疆域、户口、田赋、风俗，其改与迁者，当益不少。而况我朝重熙累洽[1]，作人之化，日新月盛。此邦又山川钟毓之最灵者，即此一百二十一年中，宏猷[2]硕学，笃行亮节之士，与夫闺贞壸淑，其湮晦[3]未彰者，何可胜数。藉得洽闻殚见之才，工文章而精识鉴，复本太史所纂，续成新志焉，则所谓征其全，悉其详者，不当倍于今日欤？予愧不能，是以有望于后来者。

同治六年丁卯五月朔后三日，福建补用知州署福清县事泾县潘文凤序。

〔注释〕

　　①重熙累洽：熙，光明。洽，谐和。指国家接连几代太平安乐。
　　②宏猷：指远大的谋略，宏伟的计划。
　　③湮晦：埋没，消失。

〔作者简介〕

　　潘文凤，安徽泾县人，清朝同治五年（1866年）任同安县知事，洁己爱民。邑值小刀会匪之乱，衙门被毁，文凤抵任，重加整理，粲然一新。　于1892年奉旨任台湾府粮捕海防通判，为台湾清治时期后期的澎湖地方政府主官，驻守于澎湖，主管政经军事。同治丁卯春，奉檄权知福清县事。

重刊《福清县志》序

刘玉璋

邑之有志，犹国之有史。所贵夫纂修刊布者，以一代有一代之人与事，一经采辑成书，则其书传，其人与事传，不至于日久湮没。史，诚然；志何独不然？然则邑志之作，贵绳绳继继[①]，随时重纂，随时重刊，使后之人与事得其传，并使前之人与事不失其传可耳。否则，不重纂之而重刊之，虽未能使后之人与事得其传，究不使前之人与事失其传，犹可也。若不重纂之，又不重刊之，使后之人与事不得其传，且使前之人与事并失其传，则断断不可。

福清为文献名邦，其县志首为前明嘉靖甲午莆田林寒谷先生撰，共十卷。国朝邑进士郭公孟履、施公君贞同纂于康熙壬子季秋。付梓后七十余年，至乾隆十二年丁卯，前邑令饶君定九、邵君叶飞重修。又一百二十一年，至同治六年丁卯，前邑令潘君仪卿重刻，计今已三十二年矣。

璋于光绪丁酉四月来受篆，甫下车，即询邑志，无所得。继乃遍访荐绅，始得同治丁卯所刻本，盖阖邑存者仅此刻二三本矣，而板亦蠹朽殆尽。读之不禁慨然曰：此书存，则阖邑之疆域、户口、田赋、风俗如过诸目。不特此也，综而核之，灿而陈之，凡邑之勋名炳焕[②]，德业昭彰，与夫奇行异闻，贞姿淑质，足令人可钦可敬而可传者，皆于是乎在，诚征文考献资也。但自同治丁卯至今仅三十余年，其书之存者有如硕果，过此以往，剥蚀[③]更不可知。璋不敢使前之人与事已传者复失其传，爰重付剞劂以广之。筹公款交邑绅就原板重刊，亦欲使壬子之本不至无传意也。

至纂辑自壬子以来，计一百五十余年，为时已久，其间疆域、

240

户口、田赋、风俗，不无变迁，固自不必论，即所谓令人可钦可敬而可传者，如勋名炳焕，德业昭彰，以迄奇行异闻，贞姿淑质，继起者或可驾古人而上之。洽殚闻见之士续而纂之，将不仅前之人与事得其传，抑且使后之人与事不失其传焉。是所望于后之君子。

光绪二十四年戊戌孟夏，即补同知直隶州、知福清县事夔门刘玉璋序并书。

〔注释〕

①绳绳继继：指前后相承，延续不断。

②炳焕：形容一个人的品行、业绩流传千秋万代。

③剥蚀：逐渐侵害使变坏。

〔作者简介〕

刘玉璋，夔门人，光绪年间曾任福清县知事。